우리 시대의 역설

인생을 사는 시간은 늘어났지만,
시간 속에 삶의 의미를 넣는 법은 상실했다.

- 제프 딕슨 -

다 함께 있지만 외로운 사람들

우리 시대의 역설

민이언 · 박상규 지음

김동욱 그림

일러두기

1

　현재 사장님께서 근무하시는 사옥 맞은편에는 롯데백화점 본점
이 자리하고 있다. 한쪽이 유통의 입장이라면, 건너편은 소비의 공
간, 그 사이를 오가는 도시인들. 도시를 상징하는 이만한 풍경이
또 있을까 싶기도 하지만, 내 개인적인 추억이 얽혀 있는 풍경이기
도 하다.

　대학교 1학년 때, 2학기 종강이 되자마자 아버지의 소개로 롯데
백화점에서 아르바이트를 한 적이 있다. 지방 특산물을 파는 코너
였는데, 그 며칠 동안 바짝 벌어 볼 생각으로 고등학교 시절의 친
구들이 올라왔다. 근처 한남동에서 대학을 다닌 터, 친구들은 내
자취방에 머물면서 출퇴근을 했다. 경험치를 증명하는 듯한 다른

매대 판촉직원들의 화술 사이에서 뻘쭘해하다가 하루가 지나고 말았던 첫날. 한 친구가 답답했던지, 다음 날부터는 용기를 내서 다른 판촉직원들의 화술을 흉내 내기 시작했다. 아르바이트 마지막 날에는 친구들 모두가 그 화술에 익숙해져 있었다.

그 시기의 청춘들이 대개 무모하듯, 게다가 뭔가 저지르고 보는 일에는 이골이 난 친구들의 스무 살 시절이기도 했기에, 며칠 동안 경험으로 '장사의 신'이라도 된 양 어떤 자신감을 얻었던 것 같다. 우리는 아르바이트 해서 번 돈을 모아 청계천으로 향했고, 군고구마와 호떡과 어묵 설비를 사서 그걸 이고 지고 지하철에 오르고 다시 기차를 갈아타고 춘천으로 내려왔다. 그리고 한 대학가 앞에서 본격적으로 '장사'를 했다.

결과적으로는 망했다. 친구들이 그렇게까지 수완이 부족했던 건 아닌데, 청춘으로서 마땅히 불살라야 할 낭만들과 맞물린 시기이다 보니, 버는 족족 술을 마셔 버렸다. 그래도 항상 친구들과 함께였던 시절이라, 어떤 상황에도 상처받거나 힘들어하지 않았던, 그 결과도 그냥저냥 웃어넘길 수 있었던, 이 또한 20년 전 어느 날의 이야기. 우리에게도 그런 시절이 있었다는 사실이 믿겨지지 않을 만큼, 그 모두가 이젠 가족과의 안정된 삶을 추구하는 아저씨들이 되어 있다.

청춘의 낭만으로 추억할 수는 있어도, 다시 한 번 그 낭만의 가치로 살아갈 수만도 없는 이유는, 우리가 나이 들었기 때문만은 아

우리 시대의 역설

닐 것이다. 세대의 문제에 덧대어진 시대의 문제이기도 하기에…. 루트와 플랫폼이 다양해졌을 뿐이지, 그 확장의 범주가 되레 그 시절보다 더욱 커져만 가는 불확실성의 증상일 수도 있다. 세상은 여전히 성공의 사례들만 예로 들며 청춘의 도전을 부추기기도 하지만, 어쩌면 우리 세대가 청춘이었을 시대보다도 선택의 폭이 더 좁은 시절인지도 모른다. 이젠 어떤 영역에서도 낭만의 가치보다는 생존으로서의 아이템 경쟁이다. 물론 그 결과로서 보다 다양해지는 소비자들의 선택지이긴 하지만, 도시가 제공하는 컨텐츠를 소비하는 이들은 결국 이 도시의 어딘가에서 다른 상품을 생산하는 입장이기도 하다는…. 사장님께서 근무하시는 사옥과 롯데백화점의 풍경은 그런 상징으로서의 표집은 아닐까?

20년이 지난 후 롯데백화점 맞은편 건물에서, 작가로서 함께한 한 기업인과의 인터뷰. 그 시절에야 이런 미래를 꿈꿔 본 적도 없었지만, 어찌 됐건 그 사이에 놓인 도로가 20년의 극간이기도 했다는…. 내겐 너무나도 많은 일들이 있던 세월이, 그 도로 하나 건너오는 시간이었다. 그런데 20년 전의 사장님은 어떤 직책에서 어떤 생각을 하고 계셨을까? 이제는 국격을 상징하기도 하는 도심의 스카이라인, 을지로가 이고 있는 하늘의 풍경은 얼마나 변한 것일까? 그 20년 동안 우리가 딛고 있는 세상은 또 얼마나 변했을까? 그리고 나는 또 얼마나 변했을까?

2

철학을 통해 우연히 인연을 맺게 된 어느 기업인과 철학도, 그리고 그들의 일화를 이미 한 권의 책으로 출간한 출판사 대표. 세 사람 사이에서 오간 대화를, 현대인이 안고 사는 이런저런 고민들의 주제로 각색해 본 원고이다. 철학을 공부하는 대기업 CEO 입장에서 고찰해 본 시장의 문제. 교직을 떠나 작가의 길로 들어선 철학도가 바라보는 시대의 문제. 그리고 대형 출판사에서 근무하다 1인 출판사로 독립해 불황의 영역에서 고군분투하고 있는 출판인이 느끼는 시기의 문제 등등. 현대사회에서 우리가 맞닥뜨리는 갈등과 선택 혹은 불안의 순간들에 대하여….

기획을 진행하면서, 또 원고를 정리하는 내내 떠오른 키워드는 '도시'였다. 물론 공간의 규모라기보단 현대의 시간을 상징하는 의미로서의 '도시'이다. 지식인들마다 지적하는 현대 사회의 문제점이지만, 또 결국 우리가 찾아야 할 해법도 그 문제를 야기하는 구조적 토대를 외면할 수는 없는 터, 현대 사회가 발생시키는 문제 또한 현대 사회의 문법 안에서 해결될 수밖에 없는 역설이기도 할 게다. 독에 의거해 해독제를 만들어 내듯, 우리의 바라고 기대하는 내일도 우리를 닦달하는 오늘 속에 도래해 있는 것이 아닐까?

그런 이유에서였는지, 《불안과 함께 살아지다》를 통해 인연이 된 김동욱 작가님의 작품들이 스쳤다. 김동욱 작가님의 그림들을 처음

본 순간에, 제프 딕슨의 〈우리시대의 역설〉이란 시가 문득 스쳤었는데, 당시에 건네주신 작업 노트에 적힌 글 역시 도시의 역설에 관한 내용이었다. 보다 넓은 관계의 범주를 살아가면서도 도리어 관계에 서툰 도시의 초상이지만, 김동욱 작가님은 그 군중들 속의 고독감에서 벗어난, 이 도시 어딘가에도 남아 있을 자유와 낭만을 그려 보고 싶었다고…. 불안도가 점점 높아지는 현대 사회이지만, 역설적으로 차라리 그런 시대성을 딛고 있는 잠재적 가치들을 돌아보는 기획이기도 하기에, 김동욱 작가님께 제안을 드렸고 작가님도 선뜻 허락을 해주셨다. 그리고 어떤 스토리텔링으로 엮어 보고자 제프 딕슨의 싯구절을 이 기획 전반에 차용했다.

도심의 스타벅스 한구석에서 이 프롤로그를 작성하고 있는 나 역시도, 시장과 자본의 문법으로부터 결코 자유로울 수 없는 입장이다. 부조리한 구조일망정 우리가 딛고 있는 존재기반이기에 그것을 노상 탈속의 철학으로만 부정할 수도 없는 노릇이지 않던가. 제주도 앞바다의 목가적인 전경을 소유하고자 해도 도시에서 번 돈이 있어야 할 판이다. 그럴 바에야 차라리 도시에서의 일상을 고민해 보는 것이 보다 본질적인 질문이 아닐까? 복숭아꽃, 살구꽃은 아니어도, 도시에도 계절은 오고 가고 바람은 불어오고 구름은 흘러간다. 김동욱 작가님의 작가 노트에 적혀 있던 구절들을 다시 곱씹어 본다. 이 도시 어딘가에도 분명 존재하는 낭만이라는 것에 관하여, 또한 이 불안한 시대상의 어디쯤엔가 분명 존재할 열망과 희망에 관하여….

차례

달에 갔다 왔지만,
길을 건너가 이웃을 만나기는 더 힘들어졌다

가진 것은 몇 배가 되었지만,
가치는 더 줄어들었다

달에 갔다 왔지만,
길을 건너가 이웃을 만나기는
더 힘들어졌다

차이와 사이

with coffee

유년 시절에는 부모님이 절대로 마시지 못하게 한 터, 커피는 성인이 되어야만 향유할 수 있는 문화인 줄 알았다. 엄마가 커피를 못 마시게 했던 건, 어릴 때 마시면 머리가 나빠진다는 이유에서였다. 굳이 커피가 아니었어도 학습능력이 그리 뛰어나지 않을 미래란 사실을 모르고서, 또 머리가 나빠지는 것에 대한 두려움은 있었나 보다.

금기에 대한 위반의 욕망이 덧대어진 경우였을까? 초코우유의 달콤함과는 다른, 그 어른스러운 달달함이 어찌나 맛보고 싶었던지…. 어렴풋한 기억을 헤집고 찾아낸 그 시작은 '테이스터스 초이스'라는 상표였다. 초등학교 시절, 부모님이 집에 안 계시는 틈을

타 동생과 몰래 마셔 보곤 했던…. 이제와 생각해 보면 웃긴 추억이기도 하다. 설령 정말 머리가 나빠진다고 하더라도, 또 뭘 그렇게까지 몰래 마셨을까? 그러나 달리 생각해 보면, 우리의 어린 시절엔 부모를 실망시키는 머리 나쁜 아이는 부도덕이기도 했다.

초등학교 6학년 즈음으로 기억하는데, 그때 이미 커피를 마시는 같은 반 여자아이들이 눈에 띠기 시작했다. 성장의 과정 중에는 대개 여자가 남자보다 먼저 성숙하는 법, 그때는 그 모습이 마침 그 시기에 찾아온 2차 성징의 한 증상처럼 느껴지기도 했는데…. 고등학교에 올라가니 각 층 복도마다 커피자판기가 있었다. 그리고 그때부터 지금까지 커피를 즐겨 마시는 편이다.

내 이전 세대에게 제과점과 분식점이 만남의 장소였다면, 내 또래서부터는 고삐리들도 카페에서 만나 커피 한 잔에 이런저런 담소를 나누는 풍경이 별로 낯설지가 않았다. 커피와 함께한 개인사를 돌아보면, 꽤 중요한 순간들에 커피가 함께하기도 했었는데…. 시험장 앞에서 커피를 받아 마시는 입장이기도 했었고, 커피를 타 주는 입장이기도 했었고, 마음에 두고 있는 사람과의 대화는 연실 매만지는 커피 잔 사이에서 진심을 겉돌았고, 식어 가는 커피를 사이에 두고 이별을 확인하기도 했고…. 글을 쓰며 살게 된 이후에는 프랜차이즈 커피전문점에서 계약서에 사인을 하는 경우가 일반적이다.

커피전문점이 셀 수도 없이 많아진 시절엔, 이미 우리에게 일상

우리 시대의 역설

이 되어 버린 공간이다. 《어린 왕자, 우리가 잃어버린 이야기》 기획 이후 사장님을 뵈러 오랜만에 사옥을 다시 찾은 날, 이전과 달라진 풍경은 1층 로비에 직원들을 위해 만들어진 북카페였다. 잠시 커피 한 잔의 여유를 즐기는 직원들 사이에서, 사장님의 손님으로서 접대받은 아메리카노를 사이에 두고 이번 기획의 방향성에 관한 이야기를 나누었다. 예전에 출간했던 졸고의 소챕터 제목 중에 'with coffee'라는 문구가 있기도 해서, 그 방향으로 진행을 해 볼까 하는 생각이 문득 스쳤다. 도시를 상징하는 대기업 사옥 안에서, 현대인들의 일상을 상징하는 커피와 함께, 일상에서 불거지는 문제들을 다루어 보자는 취지로…. 이 기획을 시작하면서 사장님께 드린 첫 질문 역시 커피에 관한 것이었다.

"미스 리! 커피!"

아주 오래전에 방영되었던, 내 기억으로는 아마도 레쓰비 커피의 첫 CF였을 게다. 직장 상사들이 미스 리에게 쉴 새 없이 커피를 부탁하자, 그녀의 피로를 구원하겠다는 듯 나타나 '레쓰비'로 '미스 리'의 라임을 맞추던 한 사내. 콜롬비아 원두커피의 상징이라는 듯한, 가르시아인지 에르난데스인지 모를, 하여튼 라틴 아메리카의 분위기를 한껏 뒤집어쓰고 있던….

커피를 타는 행위가 조직 내에서의 위계를 대변할 때가 있다. 기호(嗜好)에 덧대어진 기호(旗號)로서 작동하는 경우라고나 할까? 내가 겪은 사회라 봐야 교직밖에 없으니 그곳을 예로 들어 보자면, 신임 여교사에게 이랬다가는 난리 난다. 그만큼 커피와 맺고 있는 수직적 위계가 존재하는 조직은 아니다. 그러나 학부모가 내교를 하시는 경우에는, 부장이 학부모와 대면을 하는 동안 계원교사들이 알아서 커피를 대접하는 정도. 그 임의적 상징은 조직 내에서의 위계라기보다는 대외적인 서비스 차원에서의 행위일 뿐이다.

그러나 일반 회사에서는 말단 직원이 감내해야 하는 부조리 내지 조직 내에서의 정체성 혼란을 상징하는 단어가 커피였던 시절도 있지 않았던가. 물론 어느 회사에서는 여전히 현재진행형인 문화인지도 모를 일이고…. 그래서 요즘 기업 내에서의 커피 문화는 어떠한지를 사장님께 여쭸다.

사장님   요새는 그렇게 못합니다. 직책자들은 대개 비서가 있지만, 나머지 직원들은 다 스스로 타 먹어요. 문화가 많이 바뀌었고, 어느 순간부터 부서에서 그런 직원이 없어지고 있어요. 예전에는 회계를 정리하고 타이핑을 쳐주던 여직원들에게 커피 심부름을 맡기는 경우가 있었거든요. 그런데 요즘엔 회사의 경비 정산은 기본적으로 직원들 본인이 하게 되어 있고, 개개인이 컴퓨터를 다룰 줄 알아야 하잖아요.

우리 시대의 역설

<카페에서>, 72.7x72.7cm, oil on canvas, 2016.

물론 요즘에도 회계업무를 맡아 보는 부서를 따로 두는 경우가 있긴 하다. 대표적인 사례가 학교의 행정실이다. 그러나 지금의 시대에는 교사들에게도 직접 전산시스템에 접속해 작성해야 하는 최소한의 작업이 있다. 그렇듯 직원들 각자가 알아서 해야 하는 일로 전환되었기 때문에, '경리'라는 직책이 사라지고 있다는 이야기. 지나간 시절의 수많은 '미스 리'들이 경리의 직책이었던가 보다.

쇼펜하우어의 고슴도치

그다지 깊지는 못한 내 경제지식 안에서의 브랜드 파워 1위는 언제나 코카콜라였다. 그런데 한동안 1위의 자리를 스타벅스에게 내주었다는 사실을 뒤늦게 알았다. 전 세계에서 스타벅스 매장이 가장 많은 도시가 서울이란다. 그만큼 글로벌 자본의 잠식이 심한 도시라는 의미이기도 할 터, 누군가에게는 소확행을 실현하는 라운징의 장소일 테지만, 그 이면에는 자본과 도시의 무의식이 자리하고 있는 것이기도 하다. 가끔씩은 사장님께서 왜 그렇게 라캉을 좋아하시는지를 이해할 때도 있다. 사장님 스스로가 소비사회의 중심에 있는 기업인이기도 하지만, 현대의 소비문화를 설명하기에는 라캉의 정신분석만 한 지식도 없으며, 그 단적인 사례가 바로 나의 생활체계이다.

우리 시대의 역설

가끔씩 근처의 한 카페로 출사(出辭)를 한다. 글이 잘 떠오르지 않을 때, 분위기 전환을 위해 아메리카노 한 잔으로 도시적인 라이프 스타일을 구현해 보지만, 솔직하니 카페에 앉아 있으면 글이 잘 안 써진다. 때론 나도 모르게 다른 테이블의 대화를 엿듣고 있거나, 창밖의 오후 속을 오가는 사람들을 먼 시선으로 멍하니 바라보고 있거나…. 통유리에 가득 머문 눈부신 햇살에는 어찌나 쉽게 피로감이 밀려드는지, 창가에 기댄 풍광도 딱 10분의 낭만이다. 아메리카노는 그다지 내 입맛에 맞지 않지만, 남자 혼자 앉아서 카라멜마끼아또를 마시기도 뭣해서, 언제나 아메리카노일 뿐이다.

판매부수에 자존심이 무너지는 것은 용납해도, '꼴에 작가'라는 타이틀의 허영심은 상처받고 싶지 않은 탓에, 아무도 봐주지 않는 스스로의 맵시를 신경 쓰며 노트북을 만지작거리는 진상을 덧대기도 한다. 카페 내에 울리는 음악과는 상관없이 내 머릿속의 BGM은 언제나 스팅의 <잉글리쉬맨 인 뉴욕>이다. 많은 이들에게 그러하겠지만, 내게도 스팅의 음악은 세련의 척도이다. 대도시의 삶에 대한 동경으로 자라난, 지방 출신의 나에겐 선망의 테마이기도 했던….

홀로 있는 시간이 많은 생활체계이다 보니, 하루 동안 입 밖으로 내뱉는 말이 '아메리카노요!'가 전부인 날도 있다. 창을 마주하는 1인석 공간이 따로 마련되어 있는 카페의 풍경은, 나와 같은 생활체계까지는 아니더라도, 홀로 카페를 찾는 사람들이 무시할 수 없는 소비층이라는 사실을 증명하는 시대상이기도 할 게다. 카페에서 홀로 누군가를 기다리는 그 잠깐도 남세스럽게 느껴져 어딘가로 전화를 거는 척하던 시절이 있었는데, 요즘에는 그 홀로의 시간도 '라운징'이라는 낭만의 품격으로 격상이 되었다. 혼밥과 혼술이 시대상을 넘어 하나의 트렌드로 정의되는 시절엔, 홀로인 시간과 공간도 하나의 소비재이다.

바슐라르는 《공간의 시학》에 그런 이야기를 적어 놓았다. 공간은 우리로 하여금 물질이 아닌 정신으로서 공간의 한 부분이 되게 한다고…. 현대 사회가 제공하는 1인용 공간은, '홀로'에 익숙해지다 못해 그것을 즐기는 현대인의 정신이 외화(外化)된 현상인 것일까? 그 현상의 한 표집으로서 현대사회를 진단하고 있는 '꼴에 작가'인 것은 아닐까? 그래도 홀로 있는 시간이 많은 이 생활의 만족스러운 점은 관계의 문제로부터 자유롭다는 점이다. 그냥 이해관계로 얽혀 있는 사람은 비즈니스적으로 커피 한 잔 마시면서 이야기를 나누면 되고, 인간적으로 만나고 싶은 사람과는 소주 한잔하면서 회포를 풀면 된다. 굳이 감내하면서까지 마주해야 할 필요는 없다.

관계의 어려움을 겪지 않는 조직이 어디 있겠냐만, 교직 같은 경우는 교사라는 사회적 페르소나까지 지켜 내야 한다. 엿 같은 동료와 상사 그리고 후배, 맘에 들지 않는 관계는 마음으로나마 밀쳐낼 수 있기라도 하지만, 학생들과 맺고 있는 관계는 그럴 수만도

우리 시대의 역설

없다. 그것은 곧 교사의 전문성과 소명을 입증하는 바로미터이기도 하기 때문이다. 그래서 신임교사들은 자신이 설정한 이상의 교사상에 부합하고자 하는 열정에 시달린다.

학생들과의 관계에서만 썩어 들어가면야 그도 알량한 소명의식으로 참아 볼 만할 스트레스일 텐데, 모든 조직은 제 적량의 또라이를 지니고 있기 마련이다. 학교라는 공간에는 가끔씩 다른 조직에서 또라이로 활동하시는 학부모들까지 끼어든다. 관계의 문제에 있어서는 무난한 성격이라고 믿어 왔던 터, 내가 조직 사회에 맞지 않은 성향이라고 생각한 적은 없었다. 그런데 어느 순간부터 느끼고는 있었다. 학교는 나랑은 맞지 않는 조직이라는 사실을…. 하긴 누군들 맞아서 직장생활을 하겠냐만, 또 내 성격 자체도 고분고분한 편은 아니었던 터라….

대표님 관계 속에서 불거지는 사고들이 많기 때문에, 그 관계 맺기의 성격이 형식적으로 이어지고, 스스로를 홀로 두는 경향이 있잖아요. 그러다 보니 요즘에는 '사람 간의 거리'에 관해 말하고 있는 책들이 유행을 하기도 해요.

대표님은 아울러 《불안과 함께 살아지다》에 실었던 쇼펜하우어의 고슴도치 일화를 언급했다. 자신에게 돋친 가시로 상대를 찌르지 않기 위해, 그리고 자신도 상대의 가시에 찔리지 않기 위해 벌

려 두는 극간. 상처받지 않겠노라 유지하는 적정한 거리 두기가 과
연 올바른 것일까? 아니면 상처를 각오하고서라도 그 거리를 좁히
려는 노력이 필요한 것일까?

사장님   옛날에는 타자와 나 사이에 공유되는 가치체계의 범주가
         넓었죠. 때문에 공동체 안에서 타자를 허용할 수 있는 톨러
         런스도 좋았던 거예요. 지금은 그 공감의 범주가 좁아진 반
         면, 다양한 가치로 분화되어 있는 형국이죠. 그래서 이전
         세대는 미루어 타인을 안다고 생각하고 접근하지만, 다음
         세대에게는 준비되지 않은 영역인 것이죠. 이는 세대 간의
         문제이기도 하지만 개인 간의 문제이기도 한 것이고요. 때
         문에 저 사람이 보기엔 이 사람이 냉정해 보이고, 이 사람
         입장에서는 저 사람이 무례한 경우죠.

    사장님께선 포스트 모던 이후의 시대정신으로 부연을 하신
다. 타자와 나는 기본적으로 공유되는 가치가 없을 것이라는 가정
위에서, 타자는 나와 욕망 체계가 다르다는 사실을 인정한 전제 위
에서 맺는 관계이어야 한다는 것.
    게오르그 짐멜에 따르면, 도시인들은 도시가 쏟아붓는 감각의
과부하에 대한 방어기제를 작동시킨다. 그 방어기제들이 감정을
둔화시키면서, 덜 예민하고 냉담한 시민들이 양산된다. 그런데 이

러한 진단은 모던의 시기를 지나고 있던 유럽을 대상으로 한 경우이다. 한 세기의 발전을 더 겪은 오늘날의 도시인들은 얼마나 더 둔감해진 것일까? 그렇다고 세상을 둥글게 살아가는 도시인들이기나 한가? 역설적으로 그 둔감은 예민함의 동력으로 깎아지른 무심함이기도 하다.

예전에는 서로가 찔리지 않는 범위 내에서 서로의 가시를 뒤섞을 수 있는 공간을 공유했거나, 찔리는 일이 있더라도 양해를 하고 넘어갔지만, 요즘은 각자의 가시 길이도 더욱 길어졌을뿐더러 아예 자신의 가시 안으로 다른 결의 가시들을 뒤섞지 않으려 하는 경향이 있다. 서로의 가시가 서로를 찌르는 불쾌의 자극들을 미연에 방지하기 위해, 자신의 가시 길이에 타인의 가시 길이를 더한 만큼으로 멀어진다.

사장님　젊은 사람들이 이전 세대보다는 타자에 대해서 더 조심스러워하잖아요. 그렇게 접근하지 않으면 상처받기 쉬운 거예요. 그러니까 관계의 문제에 있어서도 긴장감이 높아요. 어떤 상사는 배려를 베풀고도 시큰둥한 부하직원들의 반응에 상처를 입어요. 자기 딴에는 좋은 의도로 건넨 것인데, 부하직원들은 그런 방식을 원하지 않았던 거예요. 때문에 배려라고도 생각할 리도 없죠.

우리 시대의 역설

<이야기 소리>, 70x162.2cm, oil on canvas, 2013.

달에 갔다 왔지만, 길을 건너가 이웃을 만나기는 더 힘들어졌다　　　　27

그런데 실상 이런 문제는 세대 간의 갈등만도 아니다. 상대에게 줄 선물은 상대의 기준에서 고민해 봐야 하는 것이 당연하지 않은가. 배려의 행위조차도 상대가 원하지 않는 방식으로 행하지 말라는 정언은 《논어》 구절 중에서 높은 인지도를 자랑하는 경우이다. 기소불욕물시어인(己所不欲勿施於人), 내가 원하지 않는 바를 남에게도 가하지 말라.

추기급인과 추인급기

'부장님은 밥 아니면 싫다고 하셨어.'

KFC CF에서의 한 장면처럼, 젊은 부하직원들이 선호하는 메뉴를 자신에게 권하는 게 싫다면, 부장도 자신이 선호하는 방식을 부하직원에게 권하는 것을 삼가야 하지 않을까? 내가 좋아하는 걸 남들도 좋아하는 건 아니라는 사실은 세대와 시대를 초월하는 진리이다. 단합대회도 할 겸 신선한 대하를 맛보러 강화도까지 가자는 제안에 앞서, 그 사람이 새우를 좋아하는 성향인지, 서해의 갯벌을 좋아하는 성향인지를 먼저 물었어야 그도 배려이지 않겠는가? 당신이 좋아하는 새우와 강화도의 조합으로 건넨 배려가 상대를 더욱 밀쳐 내는 가시인지도 모른다.

우리 시대의 역설

사장님   이 사람을 내가 어떻게 대우해야 할까 하는 질문과 이 사람이 이런 사람이구나 하는 깨달음 사이로 한 발 다가서 보기도 하고, 상대방이 한 발 뒤로 빠지면 나도 물러서 줘야 하는 거예요. 그러니까 관계를 만들어 나가는 문제가 조금은 힘들고 피곤한 거죠. 때론 그 배려의 와중에 흠칫 놀라면서 밀려나기도 하고…. 미투 운동이나 갑질에 대한 성토는 아예 상대를 배려하지 않았다가 불거진 사회문제잖아요. 심지어 자신은 그런 의도가 없었음에도, 의도하지 않은 방향으로 미끄러지는 리스크일 때도 있고….

사장님께서 잇대 인용은 《맹자》의 '추기급인(推己及人)'이었다. 자신이 당했을 경우의 심정으로 남을 헤아린다는 의미이며, 앞서 언급한 《논어》의 기소불욕물시어인(己所不欲勿施於人)과 같은 맥락이다.

사장님   인간은 자기를 통해서 타자를 짐작해 볼 수밖에 없잖아요. 유교에서는 추기급인(推己及人)이라고 하죠. 그런데 요즘은 추기급인을 굉장히 조심스럽게 해야 하는 거예요. 옛날에는 추기급인을 했다면, 요즘에는 추인급기(推人及己)를 해야 하는 것일 수도 있죠.

오늘날과 같은 소비사회에서 타인에 대한 이해는, 도덕을 넘어서 경제의 관점으로 접근해야 할 문제이기도 할 것이다. 누구의 기호에 맞출 것인가, 배려의 문제는 곧 매출로 이어지는 문제이기도 할 테고….

변해 가는 것들

워크와 라이프

"총각 선생들, 주말에 뭐 해?"

부장교사가 살가운 어투로 총각 선생들을 부를 때는, 주말에 소개팅이라도 시켜 주겠다는 의도는 아니다. 별일 없으면 등산이나 가자는 제안이 기다리고 있다. 꼰대들의 특징, 아랫사람으로서는 거절하기 애매한 제안을 던져 놓고서 의견을 묻는다. 주말에 소개팅 약속이 없을망정, 등산이나 가고 싶은 총각들이 있을까? 사장님 회사의 게시판에도 팀 단위로 주말에 야유회 가는 일을 그룹 차원에서 막아 달라는 청원이 빗발친단다. 요즘에 그런 회사가 어디 있냐며…. 야유회를 기획한 상사도 분명 '요즘 회사'를 다니고 있는 입장일 텐데, 왜 그렇게 눈치들이 없을까? 그런데 남의 경우에서는 지적질을 해대면서, 정작 내 경우가 되면 안 보일 때가 있다.

처음 학교에 부임을 하면, 10살 차이도 나지 않는 고등학생들과 얼마나 많은 것들을 해보고 싶겠는가? 열정 가득한 처녀, 총각 선생님들은 주말을 이용해 반 아이들과 체육대회나 야영을 해보는 게 수순이다. 물론 그런 활동을 좋아하는 학생들이 없는 건 아니지만, 주말에도 학교를 나오고 싶은 학생이 많기야 하겠냐 말이다. 학생들은 담임교사가 권위적인 성격이어서 싫은 내색을 하지 못하는 것이 아니다. 너무 순수한 열정 앞에서도 거절은 어려운 법이다. 가끔씩은 담임이 모르는 사실을, 그 반의 수업을 들어가는 다른 교사들에겐 알려질 때가 있다. 한 3년 차 접어들면, 그러니까 2번의 1년을 겪어 보면 어느 날 문득 깨달음이 찾아든다. 아무리 학생들과 편하게 지내는 교사라 해도, 학생들은 교사가 없을 때 자기들끼리 더 편하게 지낸다는….

사장님 옛날에는 직장이 일하는 곳이자, 인간관계를 맺는 곳이자, 삶의 의미를 찾는 곳이자, 뭐 이런 것들이 막 겹쳐 있었던 거죠. 지금은 상당히 경제적인 조직체로서의 의미가 강하잖아요. 경제적인 조직체에서 실상 경제 이외의 가치를 공유하기란 쉽지 않죠. 옛날에는 워라밸이란 말이 있을 수 없었던 게, work is life였던 거예요. 이 공간 안에서 모든 걸

다 했던 공동체 개념이었다는 말이죠.

때문에 예전처럼 회사에서 관계의 의미를 찾으려는 사람들은 힘들 수도 있죠. 지금의 젊은 세대는 직장에서 삶의 의미를 찾고 있는 게 아니잖아요. 물론 일을 통한 보람과 성취감 같은 걸 추구하기는 하겠지만, 일은 일이고, 워크의 밸류도 조금은 낮아져 있죠. 라이프는 회사 밖에 있는 거지, 회사 안에 있는 게 아니에요. 어느 순간부터 그것이 분리되고 있으니까, 예전의 가치 체계를 추구하는 상사와 그것에 합의해 주지 않는 젊은 세대 간의 갈등도 빚어지는 거죠.

제대한 지 얼마 안 된 남자들이 끝을 모르고 잇대는 군대 이야기는, 아마도 인생에서 가장 힘들었던 시기에 대한 보상심리 같은 것일 게다. 혈기 넘치는 시기에 감내해야 했던 갇힌 생활이 힘들기도 하지만, 위계의 질서와 관계 안에서 가장 치사하고 초라한 스스로를 겪기도 하는 시절이기에…. 그때처럼만 살면 뭐라도 할 수 있을 것 같은, 스스로가 기억하는 최대의 능력치를 지닌 자아. 그러나 제대 이후에는 또 딱히 그렇지만도 않은 일상을 잇대는 순간순간은, 이제 더 이상 군대가 아니라는, 달라진 전제 때문이기도 하다. 군대는 군대라서 견뎠지만, 군대가 아닌 곳에서는 군대에서처럼 할 이유도 의지도 없다.

위계의 거대 담론이 전제될 시에는, 체념의 양상일망정 이미 주어진 전제에 적응하기 마련이다. 사장님의 말씀은 예전의 직장문화에는 그런 전제가 내포되어 있었다는 이야기이다. 어찌 됐건 평생직장의 개념이었고, 좋으나 싫으나 그 시절을 잘 견뎌 내면 자신도 언젠가 위계의 상부로 진입할 수 있던 시대였기에, 부당하다고 생각되는 구조 안에서도 어떻게든 관계에 적응하는 수밖에 없었다고…. 요즘이라고 그런 잔재가 없겠냐만, 상대적으로나마 다원화된 가치가 허용되는 분위기이고, 이 회사가 나의 평생을 책임져 주지 않는 시대에는 그런 위계가 전적으로 통하지는 않는단다.

한 대기업에 재직하고 있는 후배 녀석에게서 들었던 이야기. 청년 실업이야 어제 오늘의 사회문제도 아니지만, 실상 회사 내의 문제로 들어가 보면, 너무 쉽게 그만두는 신입사원들이 적지 않단다. 회사 입장에서는 그들에게 드는 초기비용도 만만치 않기에, 이런 점이 인턴 제도의 명분으로 순환하는 것이기도 하단다.

그러나 시대적 조건이 달라진 것일 뿐, 그만두는 신입사원 입장에서도 쉬운 결단은 아니었을 것이라는, 같은 현상에 대한 사장님의 다른 해석. 그 불편함을 감내할 수 있을 정도로 무언가 보장을 해줄 수 있는 풍토도 아니고, 직원들 스스로도 그런 기대를 하지 않는단다. 그것을 증명하는 현상이 경력직의 사원을 많이 뽑는 시대상이다. 예전에는 어느 회사를 그만두고 다른 회사로 옮기는 일이 쉽지 않았단다. 앞서 언급했듯 평생직장의 개념이 있던 시절이었기에, 분명 전 회사에서 문제가 있어서 이직을 했을 거라는 부정적인 인식이 앞섰다고…. 그러나 요즘은 그런 분위기도 아니고, 신입사원의 퇴사도 그런 맥락에서 이해를 해야 할 일이지, 청춘들의 박약한 의지를 질타할 문제만은 아니라는 이야기.

"우리 때는 저러지 않았는데….”

전형적인 꼰대들의 레퍼토리 아니던가. 분명 기억의 왜곡도 있을 게다. 당신도 분명 별 다르지 않은 이병이었고 신입이었다. 아울러 시대가 변하면서 달라지는 의식의 구조를 이해해 볼 일이기도 하다. 그만큼 이전 세대가 겪지 못한, 보다 커진 불안도를 전제하고 자라난 세대들의 추구하는 가치가 달라진 것뿐이다. 저들도 평생직장의 보장만 있다면 그러겠냐 말이다.

웃긴 건, 지금의 시절에 차장과 부장의 지위를 살아가는 이들도 평생직장의 전제로 하루하루를 버티는 건 아닐 텐데, 이 회사에서 자신에게 남아 있는 직책이 무엇일지에 대한 확신도 없을 텐데, 또 그 지위에서는 윗선들에게 평생직장의 전제로 일하는 듯한 모습을 보일 수밖에 없다는 딜레마. 이 또한 세대에 따른 입장 차이이기도 하겠지만, 그 차이를 인정하는 것으로부터 시작되는 소통이지 않을까?

사장님 고부간의 관계나 남녀 관계도 비슷한 것 같아요. 전통적인

<비 내리는 거리>, 45.5x45.5cm, oil on canvas, 2017.

　　　　　　　　　　　　　　우리 시대의 역설

가치라는 것들이 대개 남자 입장에서 편한 경우잖아요. 그러니까 잘 안 바꾸려고 하는 거죠. 여자 입장에선 새로운 생각이 본인들에게 훨씬 유리한 가치들이잖아요. 그래서 다 바꾸고 싶은 거죠. 마찬가지로 윗세대들은 옛날 스타일이 편하거든요. 새로운 것에 대한 불편함을 아랫사람에게 전가하려고 하는 순간 서로 불편해지는 거죠. 기존 체계는 언제나 젊은 세대가 불편해하는 거예요.

현대자동차에 다니는 학창시절 친구에게서 들은 일화 하나. 각 회사마다 고유의 기업풍토라는 걸 지니고 있는데, 현대 그룹의 계열사들에겐 군대식 문화가 상식으로 여겨지던 시절이 있었단다. 요즘은 분위기가 많이 바뀌기는 했지만, 여전히 그 풍토의 흔적이 조금은 남아 있단다. 지금도 신입 사원들과의 회식 자리에서, 큰 사발에 가득 부은 막걸리를 부서 직원들이 함께 돌려 마시며 팀워크를 다지는 신고식 같은 걸 하나 보다. 내 친구가 신입일 때만 해도 그 술을 부하직원들이 다 '마셔 줘서' 과장의 차례까지는 가지도 않았단다. 그러나 이제는 술을 강권할 수 있는 시절도 아니고, 자기표현에 솔직한 세대들이 들어오면서, 술을 잘 못 마신다고 말하는 친구들을 배려하는 문화로 바뀌어 가고 있단다. 사발에 찰랑이고 있는 막걸리는, 술을 조금이라도 즐기는 선임들끼리 나누어 마신다고….

사장님   예전이라고 술을 잘 못 마시는 신입직원들이 왜 없었겠어요. 그런데 윗세대들이 술을 좋아하는 분들이 많았잖아요. 그분들 기준이니까, 또 아랫사람들이 술을 달고 사는 습관이 배어 가지고, 지금은 부장급 이상에서 알콜중독자인 경우들이 조금 있거든요. 그 사람들이 힘들어하는 거죠. 술 마실 사람들이 없어서…. 그리고 술 마시다 보면 자기 존재를 확인해야 되잖아요? 구라도 좀 풀고, 부하직원들의 리액션도 좀 즐기고 이래야 하는데, 별 반응이 없으니까 우울한 거죠. 부하직원 입장에서는 맨날 보던 사람들끼리 둘러앉아서 마시곤 하니까 재미가 없는 거죠.

대표님   회사에서 그런 재미들이 많이 사라져 가고 있는 것 같아요.

사장님   약간 이익 집단화 되어 가는 거죠. 옛날에는 공동체적인 속성이 강했던 거죠. 촌락 공동체 겸 경제 공동체, 이게 한국과 일본 대기업의 특징이기도 했죠. 하나의 커뮤니티를 형성하면서 이익을 추구하는 그런 집단이었다면, 지금은 이익 공동체 성격이 강해진 거죠.
옛날에는 워크가 실패하면 라이프가 실패하는 거라는 인식이 있었던 터라, 먼저 워크를 구하고 여유가 생기면 라이프를 추구하는 거였죠. 지금은 그렇지는 않고 별개의 개념이

           우리 시대의 역설

니까 워크의 밸류 가중치를 낮춰 버린 거죠. 옛날에는 조직 단위가 인간관계 단위였어요. 직장생활이 잘 안 되면 사회적으로 가치 없는 사람인 것처럼 느꼈고, 승진 제때 못 하면 집안에서도 면이 안 서고 했지만, 요즘은 그렇지도 않죠. 이제는 많이 흩어져 있어요. 일 자체도 많이 세분화가 되어 있고, 그래서 인간관계가 어려워진 것이기도 해요.

불편한 존재

사장님　불편한 존재죠. 윗사람들이란…. 어찌 됐건 자기를 평가하는 입장이니 말이죠. 회사에서 제일 좋은 상사는 없는 상사예요. 그다음은 출장 간 상사고….

대표님　역으로 생각하면 맨 위에 있는 사람은 참 고독할 것 같아요.

사장님　그렇죠. 그렇기 때문에 위로 올라갈수록 직장 외의 다른 공간이 필요한 것이기도 해요. 제가 저녁에 공부하러 다니는 곳도 그런 공간 중에 하나예요. 제가 회사에서 직원들과 뭔가를 하려고 하는 순간, 직원들이 불편해지는 거죠. 강요하는 게 아니라 직원들의 자유에 맡긴다고 해도, 제가 있는

<클럽에서>, 72.7x72.7cm, oil on canvas, 2014.

우리 시대의 역설

<거리의 악사>, 97x145.5cm, oil on canvas, 2017.

것만으로 상당한 부담감을 느낄 수밖에 없어요.

가령 제가 저녁식사를 같이 할 사람이 마땅치 않아서 누군가에게 카톡이라도 보냈을 경우, 부를 때마다 매번 오는 것 보면 그도 이상한 거예요. 금요일 저녁에 직원들이 그렇게 아무 일이 없을 리가 없거든요. 부서 단톡방에는 난리가 났을 거예요. '야! 사장이 밥 먹잖다. 다 취소해!' 아마 그러고 있었을 거예요. 가보면 이상하게 다 모여 있어요. 그러니까 조심스럽게 접근해야 할 문제예요. 그런데 실상 저도 잘 안 돼요. 카톡 같은 거 주말에 안 보내려고 노력은 하지만, 깜빡하고 또 보내게 되거든요.

교감선생님에 대한 이미지는 학생 때나 교사 때나 별반 다르지 않다. 저게 왜 문제가 될까 싶은 일도 그냥 넘어가지 않는, 꼬장꼬장한 관리자로서의 이미지. 더군다나 일반교사들과 함께 교무실을 쓰는 관리자이기에, 자리에 앉아 있는 모습만으로도 다소 불편한 존재. 그에 비해 홀로 교장실에 들어앉아 있는 교장선생님과는 마주칠 일이 그렇게까지 많지는 않다. 딱히 불편할 건 없는데, 그 지위 자체만으로도 조금 어려운 관계이다.

일반 교사들과는 따로 떨어져 혼자 교장실에 지내는 교장선생님의 존재는, 결재 맡으러 갈 때만 언뜻언뜻 확인하게 된다. 이도 내가 교직에 있을 때 이야기고, 전자 결재가 보편화되고 있는 시절에는 그 '언뜻언뜻'의 횟수가 더 적어졌을 게다. 시어머니 같은 교감 선생님이야 웬만하면 마주치지 않으려고 항상 그 동선을 주시하기라도 하지만, 교장선생님은 그렇게까지 관심의 대상이 아니었다. 여간해선 교장실 밖으로 나오는 일도 없었던 교장선생님에게, 학교 외의 다른 공간은 어디였을까?

어느 날부터인가 교직원 식당에 미리 와서 홀로 점심밥을 잡수고 있는 교장선생님이 눈에 들어오기 시작했다. 물론 늦게나마 부장급 교사들이 가서 같이 앉아 주긴 하지만, 자기 계원들과 함께 온 부장이 일부러 앉아 주는 것이란 사실을 모를 리 없다. 교장선생님도 조금 외로우셨던 같다. 그 외로움의 반동이었는지, 가끔씩은 교정 화단에서 잡초를 뽑거나 가지치기를 하실 때가 있었다. 젊은 교사들이 그 광경을 보고 그냥 지나칠 수가 있겠는가? 그러나 교장선생님도 방해받고 싶어 하지 않는다는 사실을 알게 된 이후에는 그냥 멀찌감치 둘러가곤 했다.

사장님   제가 보기에는 회사 내의 관계로 고독감을 잊으려고 하는 게 잘못인 거 같아요. 회사에서 구하기 어려운 가치를 구하고 있다는 거예요. 회사는 고독을 면하려고 있는 게 아니죠. 자기를 채울 것이 많이 있는 친구들은 굳이 회사에서 의미를 찾으려 들지는 않아요. 그렇지 못한 친구들은 집에 가서도 아무것도 할 게 없고, 회사 일 이외에는 할 게 없는 거예요. 그래서 항상 일을 들고 다녀야 하고, 아니면 부하직원들하고 술 먹어야 하는 거예요. 매일 술 먹는 사람도 꽤 있어요. 맨 정신으로 집에 못 들어가는 거예요.

저도 집에 일찍 들어가는 편은 아닌데, 저는 다른 활동을 해요. 가능하면 직원들하고 안 놀아요. 독서든, 운동이든, 예술이든, 다른 위로의 창구를 만들어야 하는 것 같아요. 직장생활이 괴롭다면, 그로부터 조금 떨어져서, 삶의 의미를 다른 데서 찾는 것도 나쁘지 않다고 생각해요. 자기를 설명할 수 있어야 될 것 같아요. 그럼에도 불구하고 왜 이걸 견뎌야 하는지에 대한…. 뭔가 탈출구를 만들어서 균형을 찾아 주어야 되지 않나 하는 생각이 들어요.

대표님 혹시 사장님께서 인문학과 철학을 좋아하시는 것도 그런 측면에서의 이유가 있을까요?

사장님 도움이 돼죠. 책을 읽거나 공부를 하거나 하면 그런 문제를 잊어버릴 수가 있으니까, 안 그러면 그 문제에 계속 몰입하게 되잖아요? 저는 지금도 직원들한테 항상 그런 이야기를 하는데, 너무 회사 생활에 몰입하는 게 위험할 수 있다는 거예요. 회사 밖의 네트워크가 많이 구축되어 있으면, 자신을 몰입으로부터 꺼내 줄 사람들이 많이 있는 거죠. 그 밖의 활동으로 안에서의 스트레스를 적절하게 해소할 수도 있을 테고요. 회사에 전념하라면서 그걸 막는 상사도 있죠. 그런데 요즘 같은 시절에는 자기와 맞지 않은 사람들한테 굳이 맞추려고 노력할 필요도 없는 것 같아요. 관계에 대한 의미도 굳이 직장 안에서 추구할 필요가 없죠. 이곳이 아닌 다른 곳에서 원하는 친분들로 충분히 채울 수 있거든요.

고독에 대하여

사장님 저는 관계 맺기의 어려움을 통해 받아들인 두 가지가 있
는데, 그중 하나가 인간은 원래 고독한 존재라는 사실이
에요. 어떤 관계를 통해서도 채워지지 않는 부분이 있어
요. 이런저런 방편들로 잠시 잊을 수는 있지만, 그 공백이
채워지지는 않아요. 인간은 어차피 공백으로 남아 있는 존
재이기 때문에, 아무리 애를 써도 채워지지 않는 고독이
남아 있고, 그것을 직시하지 않으면 더 힘들어진다는 거
죠. 그걸 받아들이는 게 좋다고 생각해요.

두 번째로, 인간은 가여운 존재 같아요. 인간은 끊임없이
욕망에 시달리거든요. 인간이 자신의 욕망대로만은 살 수
없는 관계적 문제에 얽혀 있고, 사회적으로 억압된 존재
들이기도 해요. 그것에 대한 안쓰러움을 갖고 있으면, 크

게 부러워할 삶도 없고, 크게 안타까워할 삶도 없는 것 같아요. 제가 직원들한테 이런 이야기를 하면 직원들이 저한테 그래요. 그래도 벤츠 안에서 우는 것이, 벤치에 앉아서 우는 것보다야 훨씬 낫다고요. 물론 그렇긴 하겠지만, 우는 건 마찬가지란 이야기예요.

자신의 외로움을 해소하기 위한 방편으로 관계를 정립하는 건 위험한 일 같아요. 인간은 결국 단독자이고 실존적인 존재라는 사실, 그리고 가여운 존재라는 사실을 인정하고 받아들여야 할 것 같아요. 부처님도 그런 걸 깨닫고 고통과 자비에 대해 말씀하신 것 아니겠어요? 그런 점을 전제하다면 타자의 문제들에 대해서 조금 견디기가 쉬워질 거예요.

같은 부서에서 근무했던 50대 체육교사께서는 일요일마다 조기 축구를 나가셨는데, 건강한 신체와 체력 증진의 이유에서만은 아니었다. 남자가 50줄에 들어서게 되면 일요일에 어디 갈 데가 없단다. 아직 아버지가 되어 보지 못한 처지라 그 심정을 이해할 도리야 없겠지만, 아버지들은 가족의 안이면서도 밖을 느껴 버리는 순간이 종종 있는 것 같다. 《어린 왕자, 우리가 잃어버린 이야기》 기획 중에도 사장님께서 외로움에 관한 이야기를 하시는 경우가 종종 있으셨는데, 그 사회적 지위가 겪는 특이성 이외에, 그 나이대의 남자가 겪는 보편성인 것 같기도 하다.

<비 내리는 거리>, 53x33.4cm, oil on canvas, 2015.

우리 시대의 역설

개인적으로는 박완서 작가의 글을 그다지 좋아하는 편은 아니다. 그러나 기억에 간직하고 있는 한 줄은, 글 쓰는 작업은 외로운 운명을 각오하는 것이란 글귀이다. 글쟁이로 살아가다 보면 홀로 있는 시간들이 많을 수밖에 없다. 자료를 정리하거나, 상념에 잠겨 산책을 하거나, 홀로 전시회를 둘러보고, 영화를 감상하고…. 항상 글감을 염두에 두고서 보내는 일상이다 보니, 누군가와 함께하기보다는 홀로 전념하는 시간이 편하다. 이건 작가주의적 곤조도 아니다. 내가 뭐라고…. 그냥 자연스럽게 몸에 배인 습관이다.

이미 익숙해질 대로 익숙해진 외로움일까? 술도 좋아하고 사람도 좋아하는 성격이었는데, 이젠 '관계'의 문제로부터는 다소 벗어나 있는 이 생활체계가 그렇게 외롭다는 생각이 들지도 않는다. 돌이켜 보면 도리어 관계 속에서 더 불편할 때가 있었다. 비교와 갈등의 대상이 있다는 게 사람을 더 외롭게 만드는 경우가 있지 않던가. 관계의 안에서 느껴 버리는 관계의 밖, '안'으로 들어와 있는 '밖', 이 또한 아감벤의 '사케르(Homo Sacer)'에 해당하는 사례일까?

어쩌면 안으로 들어가 온전한 안을 욕망하고자 하기에, 작은 균열 사이로 드러나는 밖이 그렇듯 외롭게 느껴지는 것인지도 모르겠다. 그런데 전제를 바꾸면 밖의 공간도 나쁘진 않다. 물론 그 밖을 즐길 수 있는 매개물이 있어야 할 테고….

대표님   인간이 외로울 수밖에 없는 존재임에도 어떻게든 누군가하고는 관계를 맺으려고 하잖아요?

사장님   인간이 그럴 수밖에 없는 게, 단독자로서의 운명을 받아들
여야 하지만, 또 인간은 스스로를 볼 수가 없기 때문에 타
자의 시선을 통해 자신을 확인하는 것이거든요. 타자가 없
으면 자기를 확인할 방법이 없는 거죠. 타자를 통해서만 내
존재가 확인될 수 있으니, 단독자이지만 상대가 없으면 안
되는 문제이니까….

헤겔의 철학에서는 자아와 타자의 관계를 변증법으로 설명하고
있다. 사회적 존재들에게 있어 '나'와 '너'는 서로가 서로의 좌표를
확인시켜 주는 '우리'이기도 하다. 이 세상에 오직 나 홀로 존재한
다면 굳이 '나'라는 개념도 존재할 필요가 없다. '너'가 있기에 '너'
와 구분되는 '나'도 있을 수 있는 것이다. 마찬가지로 '나'가 있기
에 나 이외의 '너'와 '그들'이 존재하는 것이기도 하다. 때문에 '자
아'라는 개념도 타인과의 관계 속에 자리하는 나에 관한 이야기이
다.

사장님   인간의 가장 큰 본능이 인정에 대한 욕구거든요. 공자님의
말씀을 빌려 보자면, 평범한 인간들이 왜 군자가 못 되겠어
요? 남이 나를 알아주지 않는다고 화내지 않는 건 정말 어

려운 거예요. 노(怒)하고 온(慍)하고는 조금 다르지 않나요? 노(怒)는 감정적인 촉발이라고 한다면, 온(慍)은 겉으로는 표시는 안 나지만 속에서는 견딜 수 없이 끌어 오르는 거예요. 남들이 나를 알아주지 않아도, 심정에 아무 변화가 없다는 건 대단한 거죠. 공자님 스스로도 말년에나 가능했다고 말씀을 하시니 말이죠.

사장님께서 언급하신 《논어》의 구절은 다음과 같다.

人不知而不慍 不亦君子乎? (인부지이불온 불연군자호)
남이 알아주지 않아도 화내지 않으면 또한 군자라 할 만하지 않은가?

사장님 노자가 왜 책을 썼겠습니까? 그 자체로 자신을 알아 달라는 이야기거든요. 장자는 자신을 알아줄 필요가 없다고 항변하지만, 끊임없이 자기 존재를 확인하기 위해서 기록을 남겼던 거 아니겠어요? 어쨌거나 글을 쓰고 말을 한다는 것은 인정을 욕망하는 증상이죠.
자본주의 사회에서는 인정을 받기 위한 가장 쉬운 수단이 돈이고 벤츠고 루이비통이고 그런 거죠. 그것들을 통해 타자들 사이에서의 자기 존재를 인정받으려고 하는 것이죠. 그런 물질적인 것이 아닌 내면의 것으로 자기 존재를 스스로 확인하는 방법론이 정신분석의 권고이기도 해요. 자기 욕망의 특이성을 스스로 받아들이라는 거예요. 남들과 다른 개인의 욕망 구조를 이해하는 것이죠. 그런데 그게 굉장히 어려운 거죠.

대표님 최근에 유행하는 하나의 키워드가 자존감이잖아요? 그 또한 인정 욕구와 상관이 있을까요?

사장님 자존감은 내가 스스로에게 줄 수 있는 게 아닌 거죠. 스스로에게 줄 수 있는 자존감은 고승의 법력 정도는 되어야 가능한 수준 아니겠어요? 그리고 그것이 정신분석이 추구하는 자존감의 방식이기도 해요. 정신분석이 추구하는 자존감은 스스로가 인정하는 자존감이에요. 나는 다른 사람과 다른 욕망체계를 지녔다는 사실을 인정할 수 있다면 훌륭한 거죠. 그런데 보통 인간들은 그게 잘 안 되는 거죠.
우리가 욕망하는 것들은 모두가 타자의 시선을 통해서 확인하는 속성들이고, 타자의 시선을 통해서 확인되는 것들은 모두 희소한 자원이잖아요? 모두가 다 루이비통을 가지고 다니면, 모두가 벤츠를 탄다면, 모두가 도곡동에 살면 그게 무슨 밸류가 있겠어요. 사회적으로 아무런 가치가 없는 거예요. 인정을 받지 못하는 거죠. 그러니까 희소한 자

우리 시대의 역설

원을 가지고 다투고 있는 거죠.

매슬로우의 욕구 위계론에 따르면, 최상의 단계가 자아실현의 욕구이다. 그리고 그 바로 아래 단계가 타인에게서 존중을 받고자 하는 욕구이다. 그런데 최상과 차상을 굳이 나눌 필요가 있을까 싶을 만큼, 자아실현의 전제가 타인으로부터의 존중인 경우가 일반적이지 않던가. 욕구의 '위계'라는 표현에서도 알 수 있듯, 매슬로우의 전제도 아래 단계의 욕구가 충족되어야 상위 욕구에 대한 여지가 생겨난다는 것이다. 그렇듯 자아의 실현도 타자의 담론을 딛고 올라서야 하는 역설이다.

라캉의 페이지들을 들추다 보면 '환유' 개념이라는 게 있다. 우리는 자기 안에서 일렁거리는 무의식적 충동을 명확히 해석할 수가 없어서, 그 등가물이라고 믿는 대리의 상징들을 욕망한다. 그 상징물들은 타자의 공증을 거친 가치들이다. 다시 말해 내 열망과 공명하는 가치들이 아닌, 남들도 하니 나도 해야겠는 것들로 대리 만족을 느끼게 하는 가치들이다. 그러나 제대로 된 해석을 거친 등가물이 아니기에 결코 온전한 만족감에 도달할 수가 없다. 때문에 더 이상 이것에서 만족을 느끼지 못하면 다시 저것으로, 계속해서 그 시니피앙(기표)들을 계속해서 바꾸는 것이다. 계속해서 반복하고 부연할 이야기이지만, 자본 사회에서는 그 시니피앙의 대표적인 경우가 '상품'이다.

<비 내리는 거리>, 80.5x100cm, oil on canvas, 2015.

<비 내리는 거리>, 130.3x162.2cm, oil on canvas, 2017.

사장님 그래도 요즘 젊은 친구들 중에 점점 타자와는 다른 욕망을 추구하는 경우들이 점점 생겨나기 시작하잖아요. 어쩌면 지금의 한국 사회는 과도기라고 봐요. 또한 우리 모두 어디에선가는 다 하고 있다고 봐요. 세련되게 하는 사람들도 있겠고, 프로이트적으로 말하면 그걸 '승화'라고 하죠. 그것이 예술 활동이든 뭐든 간에, 타자가 아닌 다른 곳에 리비도를 발산하면 되거든요. 리비도를 발산할 때가 딱히 없으면 타자의 가치로 옮아가거나 사회에서 용납되지 않는 방식으로 추구하게 되는 거거든요. 두 가지가 다 문제죠. 리비도를 발산할 때가 없다는 것도, 발산하는 방법을 배우지 못했다는 것도 안 된 거죠.

선을 깨닫는 거랑 비슷해요. 깨닫는 방법도 여러 가지이고 어떤 정답이 있는 게 아니에요. 시중의 심리학서적이나 자기계발서는 타자의 시선을 전제한 자아를 강화하기 위함이에요. 그런 자아는 타자들 사이에서의 훌륭함, 이 시대가 훌륭하다고 말하는 고정관념에 다 끼워 맞추는 거예요. 너무 타자의 인정 속에 자기를 심어 놓는 것도 위험하다고 봅니다.

자존감은 두 가지 조건을 충족하는 경우를 이르는 것 같아요. 타자의 인정뿐만이 아니라 그것이 내면화되어서, 자기의 가치관과 일치되어서, 설령 단기적으로는 타자의 인정

우리 시대의 역설

을 덜 받더라도 견뎌 낼 수 있는 힘이 있는 거죠. 남의 시선을 통해 자신을 만들어 가는 것과 자기 욕망에 충실한 것이 잘 균형을 이루어야 할 것 같아요. 그것의 균형을 이루는 사람들은 훌륭한 거죠.

크리스토퍼 리브 주연의 <슈퍼맨3>에서는 정체성의 혼란을 빚고 있는 히어로의 방황이 그려진다. 그 상징적 연출이 피사의 탑을 똑바로 세워 놓는 슈퍼맨이다. 지젝은 이 장면을 '무관심 속으로 되던져 놓고 그것에서 그 인식의 기호를 박탈한' 사건으로 해석한다. 쉽게 다시 풀자면, 피사의 사탑에게서 그 특유의 기울어짐을 박탈함으로써 그저 여느 이태리 풍경으로 만들어 버렸다는 이야기이다.

지젝의 철학이 대개 라캉의 부연이듯, 이 또한 타자의 담론에 관한 해석이다. 기울어진 대로의 피사탑과 허물어진 대로의 콜로세움이 지니고 있는 저 나름의 역사와 스토리텔링, 차라리 그것이 여느 이탈리아 풍경과 변별되는, 되레 이탈리아의 표상이기도 하지 않던가. 자존감이란 것도 그 유니크한 특별함으로부터 잉태되는 성격이 아니겠는가? 그런데 우리는 너무 타자의 잣대로만 스스로를 바로 세우고 메우려 든다. 결국엔 저 자신을 여느 타자와도 같은 무관심 속으로 던져 놓고 스스로의 정체성을 박탈하는 조감도이다. 물론 사회적 존재들이기에 타자의 시선을 전혀 고려하지 않을 수는 없겠지만, 어떤 이탈리아가 될 것인가, 아니 어떤 한국으로 살 것인가의 고민 정도는 필요하지 않겠나?

사장님 그런데 문제는 지금의 시절에 모두가 다 외롭다는 사실이에요. 왜냐하면 기댈 곳이 아무데도 없어요. 자기 자아를 기댈 만한 기둥을 세울 데가 없다는 거예요. 윗세대들이 주말에도 회사에 나오는 이유가 있어요. 회사 업무를 하면 뭔가 자기가 잘 살고 있는 것 같거든요. 회사를 그만둔 이들 중에 간혹 비극적인 선택을 하는 이유가 뭐겠어요? 다 지워진 것 같거든요. 회사에서 거부되는 순간, 지금껏 살아온 인생이 허무해지는 거예요. 우울증에 걸린 사람들 꽤 많아요. 회사 그만두고 밖에 나가니까 아무도 자기를 인정해 주지 않는 거예요. 어느 회사 누구라는 명함이 없어지는 순간, 자기도 없어지는 거예요. 자아가 명함에 붙어 있다가 명함이 없어지는 순간, 자아도 없어지는 거죠.

보드리야르는 자발적 동조 속에서 쉴 틈조차 없이 일에만 몰두하는 관리직에게서 진정한 수동성이 발견된다고 말한다. 사회생활을 하다 보면, 아니 그 사회생활을 준비하기 위해서라도 우리는 많은 것들을 강요받는다. 그러나 보다 좋은 대학에 입학하고 싶은 수험생이 시험공부를 강요라고 느끼지는 않을 터, 마찬가지로 우리는 외부로부터 강요되어지는 것을 내재적 적극성으로 전환한다는 이야기. 보드리야르는 정년퇴직을 한 이들이 겪는 우울증을 그 적극성에 대한 강박에게 기인하는 것으로 보고 있다. 무엇인가를 하고 있어야 한다는 강박이, 아무것도 하고 있지 않은 현실에서 병리학적으로는 잘 설명되지 않는 증상으로 나타나며, 때론 비극적인 결과로 이어지기도 한다고….

사장님   궁극적으로 가면 사실 인생은 별거 아니거든요. 인간은 의미를 찾는 존재잖아요. 자신의 삶을 자꾸 의미 속에 집어넣고, 그 구조 속에 자신이 잘 살았다고 생각하는 거거든요. 가장 상처를 많이 입는 경우가, 자신이 의미를 많이 부여한 것으로부터 배신을 당할 때이죠. 인간은 자신이 견뎌내야 할 시간이 있는데, 예전에는 회사의 커뮤니티 속에서 해소하려 했던 거죠. 물론 내부에도 적절하게는 있어야겠죠. 하지만 자기를 여기서 꺼내 줄 다른 사람을 밖에서 찾아본다든지, 그런 걸 하면서 희망을 갖는 것도 하나의 방법이지 않을까 싶어요.

그들만의 세상

괴물의 언어

"니 내 누군지 아니?"

너랑 나랑은 초면, 당연히 니가 누군지 알 리 없는 상황에서, 한창 열을 올리던 대화의 주제를 벗어나 뜬금없이 던져지는 질문. 그럴 거면 차라리 명찰을 달고 다니든가, 명함을 먼저 건네던가 할 것이지. 밑도 끝도 없이 자신이 누군지 몰라주는 상대를 어이없어하는, 상대 또한 도대체 누구라서 저 지랄이나 싶어 어처구니가 없다. 보다 어처구니없는 일은, 기껏 말을 꺼내 놓고서 자신이 누구인지를 끝까지 알려 주지 않는 경우이다. 졸라 궁금하게….

사장님 직책과 권위와 자아가 딱 붙어 있는 사람들이 있어요. 사소한 것도 자기 뜻대로 안 되면 자신을 무시했다고 느끼는 거죠. 상대에겐 전혀 그런 의도가 없었음에도, 자아를 손상당했다는 생각에 그 분노를 참을 수가 없는 거죠.

과대망상은 피해의식과 동전의 양면 같은 속성이다. 스스로에게 과도하게 전념하는 자기애적 욕망은, 역설적으로 낮은 자존감에서 비롯되는 자기 존재감에 대한 불안이 그 원인이다. 라캉의 욕망 이론에서 관건은 욕망의 대리물이다. 스스로 만족할 정도의 성취감을 느끼는 경우가 이상적이겠지만, 사회적 동물이다 보니 그 사회로부터의 인정까지가 만족의 조건이다. 타인들의 인정이 상징적 수치로 환산된 경우가 사회적 지위이다. 따라서 그 지위가 오롯하게 자아를 대변하는 경우, 역설적으로 그 지위에서 벗어난 상태에서의 자아가 불안인 것이다.

그 지위가 지니는 상징성을 대변하는 행위, 즉 지시 혹은 결재에 대한 과잉의 집착으로 나타나는 증상들을 주변에서 쉽게 발견할 수 있지 않던가. 그게 왜 문제가 될까 싶을 정도로 사소한 사안을 지적하며 결재를 잘 안 해주는, 해주더라도 기어이 충고 한마디를 덧붙여야 직성이 풀리는 상사들이 완벽주의 성향인 것도 아니다. 그저 그 몽니의 행위 자체가 목적이라는 사실은, 일관성이 없는 그의 결재 기준이 증명한다. 자신에게 내재된 성향과 반대되는 이미지를 욕망하는 인간상일수록 사소한 것에 화를 내고 본질적인 것에는 무관심하다.

대표님　관계의 문제에 있어 보다 힘든 사람은, 권위를 가진 사람이 아니라 밑에 있는 사람일 테죠. 밑에 있는 입장에서는 권위를 가진 사람을 어떻게 이해해야 하고, 그 관계를 어떻게 이어 가야 하는 것일까요? 대부분의 사람들은 갑의 위치가 아니라 을의 입장인데, 해결책이라고 하기에는 애매하지만, 혹 지침이 될 만한 철학 혹은 인문학의 구절들이 있을까요?

사장님　어려운 문제 같아요. 사르트르 말마따나, 타인은 지옥이잖아요? 타인은 내가 어떻게 할 수 있는 범주가 아니란 말이죠. 때문에 타자로부터 그런 행위를 당해도 타자를 비난하기보단 스스로를 질책할 가능성이 있어요. 내가 이런 수모를 당하면서도 이 회사를 다닐 수밖에 없는 이유는, 별 다른 대안이 없고 능력이 없기 때문이라는 자책으로 돌아올 수 있죠. 사실 대안이 있으면 괴롭지 않죠. 대안이 분명하지 않을 때 어떻게 할 것이냐, 그런 부분이 어려운 것이죠.

그러게 말이다. 대안이 있으면 그 대안의 길로 떠나면 그만이다. 나도 막연하게나마 나름의 대안이 있었기에 떠나온 경우이다. 막상 떠나와 보니 그렇게까지 훌륭한 대안도 아니었다는 사실을 깨달아야 했지만 말이다. 여기나 저기나 관계의 문제는 얽혀 들기 마련이다. 경중의 차이가 있을 뿐이다. 그러나 대부분의 사람들에겐 대안의 가능성조차 희박한 현실이지 않던가. 때문에 권위를 지니고 있는 사람들이 달라져야 하는 수밖에 없다. 이것이 솔직한 대답 아닌가? 그것을 증명하는 사례로, 최고의 권력자가 바뀌니 그토록 쉽게 바뀌는 사회 분위기를 경험하지 않았던가.

사장님과 처음 만났던 날, 그때만 해도 이분을 다시 만날 일이 있을까 싶어서, 기업과 관련해 민감할 수 있을 문제에 대해서도 기탄없이 질문을 드렸었다. 대중들의 인식 속에 자리한 대기업의 부정적인 면모라든가, 혹은 하청 업체에 대한 대기업 횡포 같은 사안들…. 또한 힘이 있는 오너들이 도덕적 면모까지 갖추면 회사에 더 이로울 텐데, 왜 그렇게 못 하는지에 대해서도….

그런데 그에 대한 명쾌한 대안을 제시하는 사건들이 최근에 잇따르고 있는 듯하다. 오너 가족의 갑질을 성토하는 성난 민심은, 부패한 권력을 끌어내린 주역이었다는 사실을 다시금 확인시켜 주고 있다. 권력의 상부 스스로가 준엄한 도덕적 잣대로 자기 검열을 하게끔 만드는 풍토, 그 또한 우리가 최고 권력자를 누구로 선택하는가와 맞물리는 문제이기도 하다.

갑질의 주인공들도 대중들에게 친근하게 다가서는, 사회적 자아의 이미지를 모르지 않는다. 그러니 그에 영합하는 모습도 연출하고자 했던 것일 테고…. 그런 이들이 왜 그런 짓거리들을 하는 걸까? 진단은 의외로 간단하다. 사회적으로 무난한 자아를 유지하는 노력보다, 한 번 내지르는 쾌감이 더 큰 존재감을 확인하는 만족도인 것. 자신의 이상에 따라 주지 않는 이들에게 싸지르는 히스테리, 그런데 그 이상이라는 게 정작 당사자도 잘 모르는 규준이다. 부하직원들이 절대 만족시킬 수 없는 이상, 그것이 저들의 이상일 뿐이다. 자신의 미학은 항상 완벽하고, 부하직원들은 그것에 따라잡을 수 없어야 하고, 자신이 뭐라도 지적을 해야 자신의 존재감이 유지된다.

대한항공 자매도 처음엔 그렇게까지 괴물 같은 울부짖음을 내뱉지 않았을 것이다. 하도 짖다 보니 점점 그 쾌감은 반감이 되고, 그 반감으로 잃어버린 반이 도저히 채워지지 않다 보니, 자기 분을 못 이기고 그렇듯 괴물의 울부짖음으로…. 라캉에 따르면, 애초부터 채워질 수 없는 결핍을 추구하기 위한 대리적 도구가 부모로부터 습득하게 되는 언어이다. 일부 재벌 3세들의 몰상식은 어려서부터 2세의 언어를 보고 자라난 결과라는 이야기도 될 수 있을 것이다. 성장의 어느 순간부터는 그 괴물의 언어 자체가 목적이 되었고…. 남들이 싫어하는 줄 알면서도, 끝내 버리지 못하는 부정적 습관들도 대개 이런 이유로 유지가 된다. 그 행위의 목적과 결과가 중요한 게 아니다. 이미 그 행위 자체가 목적이다.

개인적으로는 어려서부터 공부 잘하는 여성에 대한 로망이 있던 편이다. 그 로망을 실현해 보고 싶었던 것일까? 서른 즈음에 명문대 출신의 수학 선생님과 잠깐 만남을 가졌던 적이 있었다. 물론 명문대 출신들이 다 그러기야 하겠냐만, 그녀에게는 명문대를 나와서 교사나 하고 있는 자신의 현실이 늘상 불만이었다. 그리고 나는 늘상 그녀의 이상에 부합하지 못하는 남자였다. 나는 어느 재벌 3세가 내지른 것과 같은 울부짖음을 매일같이 감내해야 했다. 학교에서는 학생들에게 나름 인기 있는 선생님이었는데, 내 앞에서는 항상 정신병을 앓고 있는 듯한 괴물의 모습이었다. 동화 속에서 공주를 붙잡고 있는 괴물이 그런 상징은 아니었을까? 어려서부터 원하는 건 다 가질 수 있었던 이들의 심연에 자리한, 공주로서의 의식 이면에 자리한 괴물의 무의식. 그 모습까지 보듬었어야 진정한 사랑이었던 것일까? 그래야 했던 거라면 내겐 그 사람을 사랑할 자격이 없었던 것이다.

기표적 욕망

사장님 예전에는 소셜 밸류가 높은 분들이 존경을 받았다면, 지금은 그런 가치를 확인할 방법이 별로 없어요. 옛날에는 어찌 됐건 그 사람의 사회적 지위가 그 사람의 존재를 대변하

<공항으로 가는 길>, 60.6x72.7cm, oil on canvas, 2015.

우리 시대의 역설

<공항으로 가는 길>, 53x72.7cm, oil on canvas, 2014.

는 기표로서의 기능이었다면, 지금은 그런 가치를 확인해 줄 만한 기표들이 싹 다 사라져 버렸어요. 물론 권력층들이 그간에 저질러 놓은 부도덕들이 원인이겠지만, 대중들에겐 이제 다 도둑놈들이고 부정하다는 인식이 앞서는 것 같아요. 기표가 지니는 상징성이 다 사라진 마당에, 그 기표만으로 그 사람이 훌륭한지 어떤지를 판단할 수가 없는 거죠.

이를테면 리영희 선생이나 신영복 교수처럼 시대의 스승이었던, 혹은 김영삼 전 대통령과 김대중 전 대통령처럼 민주화의 상징이었던, 정주영 회장과 이병철 회장처럼 신화를 써내려 가던 인물들도 없을뿐더러 그런 사회적 지위에 대한 존경심도 사라졌다는 이야기. 추악한 마각이 드러난 스승과 대통령과 기업인들 때문에….

소쉬르의 언어학에서 기표(記標, 시니피앙)와 기의(記意, 시니피에)가 일치하지 않는다는 말은, 이를테면 '사과'라는 명칭(기표)이 사과의 속성(기의)을 담지하는 건 아니라는 의미이다. 시니피앙과 시니피에가 일치한다면, 그 발음이 사과이건 애플이건 '핑구어(중국)'이건 '아펠(독일)'이건, 어떤 이가 어떤 언어로 들어도 사과를 떠올릴 수 있어야 한다. 그런데 언어와 사물의 실제 관계는 그렇지 않다. 기표는 그저 기의를 대리하고 있을 뿐이다.

라캉은 소쉬르의 언어학을 빌려 욕망의 구조를 설명하는 경우이다. 우리가 욕망하는 대상과 우리가 지닌 근원적인 욕망은 일치하

우리 시대의 역설

지 않는 속성이다. 우리가 과연 사회적 지위 그 자체를 욕망하는 것일까? 인정 욕구에 대한 만족도를 가시적으로 잴 수 있을 만한 바로미터를 욕망하는 것뿐이며, 우리가 올라서고자 하는 사회적 지위가그 사회의 인정에 대한 대리만족의 기표라는 것. 언어학 범주 밖에서 활용되는 '기표(시니피앙)' 개념은 이렇듯 상징성으로 환산된, 등가물이 아닌 대리물이라는 의미이다. 라캉의 '상징계' 개념 역시 이런 성질로 이해하면 쉽다. 그것의 실재와 본질에 대한 이해라기보다는 그것이 매개하고 있는 상징성에 대한 욕망이다.

우리가 초등학교 시절에 장래 희망란에 기입했던 직업군은, 정말 그 직업의 속성을 이해하고 적어 넣었던 건 아니다. 사회에서그 직업의 포지션이 지니는 상징성을 부모로부터 권고받은 경우이다. 물론 이전에는 그 지위가 지니는 경제적 가치만이 아닌, 그사회로의 공헌도와 그 사회로부터의 존경을 포함하는 표상이었다. 그러나 지금의 시절에는 그 상징성이 다 무너져 버렸다. 예전에는 존경의 대상이었던 사회적 지위의 기표들이 요즘은 그렇게까지 존경받는 시절은 아니다.

사장님께서 언급하신 시대적 현상은, 권력층의 적폐에 대한 염증과 공정사회에 대한 염원이 맞물린 결과라고도 볼 수 있을 게다. 재벌 2세, 연예인 2세, 거대 자본의 선순환, 정말 그럴 만한 가치가 있는 작품인가의 질문과는 별개로 권력적 지식들끼리 계보를 잇대는 그들만의 리그, 검증의 기회조차 허락하지 않는 파벌주의, 학창시절의 학습능력이 사회적 선발기준이 되는 풍토에서 학습능력마저도 대물림이 될 수밖에 없는 경제적 조건. 공정한 전형으로 치러져야 할 취업의 기회마저 권력의 주변부에 할애되는 부당함을 참지 못하는 것도 당연지사, 개인적으로는 그 분노를 지지한다. 한번 갈아엎을 필요가 있다.

가진 것은 몇 배가 되었지만,
가치는 더 줄어들었다

힘겨워하는 연인들을 위하여

사랑의 의무

"그 여자는 도대체 너를 왜 만나는 거니?"

뭐 그렇게 스탠더드한 남자로서의 조건이 아닌 것도 사실이지만, 갈굼과 갈굼 사이에서의 관계 맺기에 익숙한 캐릭터였던 터라, 대학교 여자 동기들이 나를 '만나 주는' 어느 여성의 안목을 안타까워하듯 늘상 내게 건네던 말이다.

"걔도 정상은 아닌 거지, 제정신이겠냐? 그러니까 정말로 사랑인 거지, 이 년아!"

그 갈굼을 갈굼으로 되돌려 주곤 했었는데, 돌아보니 나는 사랑의 본질에 대해 이야기를 하고 있었던 것이다.

나 같은 놈을 좋아해 준다는 사실만으로도 감사해서, 정말이지 내가 할 수 있는 모든 걸 해주고 싶었다. 그런데 사랑을 받는 일에 익숙해지다 보면, 그 사랑에 실린 관심이 조금 피곤해지기도 한다. 호의가 길어지면 권리인 줄 안다고 했던가. 결국엔 착각을 하고야 만다. 너 아니면 내가 만날 여자가 없냐는…. 세상이 내게 주었던 몇 안 되는 행운 중 하나가 그 시절의 너였다는 사실을 오랜 세월이 지난 후에서야 깨닫는다.

사장님　라캉 식으로 이야기하자면, 사랑은 상상계적인 거예요. 합리적으로는 설명할 수 없는 성질이죠. 저런 여자 왜 따라다니는지, 저런 남자한테 왜 반하는지, 제3자가 보면 미친거예요.

영화 <조제, 호랑이, 그리고 물고기>에서, 장애를 지닌 조제를 사랑한 남자는 마지막엔 결국 조제를 떠나간다. 그런데 조제가 짊어지고 있던 불행이 이 사랑의 원인인 것도, 그렇다고 결과인 것도 아니었다. 어떤 연민에서가 아닌 그냥 한 여자로서 사랑받은 것뿐이고, 흔한 연인들의 이별처럼 헤어지는 것뿐이다. 그렇기에 그녀도 기꺼이 남자를 떠나보내 줄 수 있었다. 애초부터 '그럼에도 불구하고도'로 시작되는 사랑이 아니었다. 그런 접사는 제3자들의 관점일 뿐이다. 그들이 사랑하는 데에는 '그 사람이기 때문'이라는, 서로에게만 적용되는 단 하나의 이유밖에 없었다.

사장님 　인간은 자신의 결여에 딱 맞는 사람에게 매혹을 당하는 순
　　　간, 그 사람을 사랑하게 되는 거죠. 사랑을 받는 입장에서
　　　는 이해가 안 되는 거예요. 나는 별로 매력적인 여자가 아
　　　닌데, 도대체 이 남자는 왜 날 좋아하는지 의아한 거죠. 그
　　　렇게 타인의 사랑을 받게 되면 처음엔 상당히 당황스러운
　　　거예요. 왜냐하면 나는 이걸 받을 자격이 없는 사람인데,
　　　타자가 날 사랑하게 되면, 되돌려 줄 수밖에 없는 거예요.
　　　그게 사랑의 시작이거든요. 다른 사람은 전혀 인정해 주지
　　　않는 어떤 매력에 매혹당하고 사랑을 헌신적으로 베풀면,
　　　그걸 받은 상대는 받은 것을 되돌려 줄 의무가 생긴다는 거
　　　예요.

　이 부분을 '사랑학 개론'의 성격으로 읽으면 오해의 소지가 있을
수 있다. 사랑의 본질이 무엇인가에 대한 고민이지, 결코 일방통행
의 사랑이 쌍방의 사랑을 유발한다는 이야기가 아니다. 일방적인
집착을 옹호하는 논거는 더더욱 아니다.

사장님 　예전에는 사랑이 둘로 나뉘어졌던 것 같아요. 낭만적인 사
　　　랑과 결혼을 전제로 한 집안 간의 사랑이 있었죠. 후자는
　　　로미오와 줄리엣 같은 사랑이 아닌, 그냥 집안끼리 결혼을
　　　하는 거예요. 그리고 함께 살다가 사랑이 가능하면 사랑하

<rain1103>, 40.9x27.3cm, oil on canvas, 2017.

우리 시대의 역설

<rain1102>, 40.9x27.3cm, oil on canvas, 2017.

게 되는 거죠. 지금은 후자의 경우는 많이 없어졌잖아요. 하지만 낭만적으로만 사랑하는 시절도 아니죠. 낭만적인 사랑이 가능하려면 매혹당해야 해요. 그런데 지금의 세태에서는 타자의 논리가 당사자의 논리에 굉장히 많이 들어와 있어요.

지금은 내가 누군가를 좋아하면, 왜 좋아하는지를 친구들에게 설명해야 해요. 학벌도, 집안도, 직업도, 외모도 별로인 그 사람을 왜 좋아하는지에 대한 합리적인 설명. 그건 타자의 논리로 설명을 해야 하잖아요? 사랑하기 힘든 이유는 자본주의적 타자의 논리가 너무 많이 들어와 있기 때문이에요. 젊은 친구들이 이미 이 로직에 많이 빠져 있다고 봐요. 내가 그 사람을 사랑하는 순간, 상대방이 돌려줄 게 없는 거예요. 상대는 자신을 좋아하는 이유를 이미 다 알아요. 좋아할 만한 조건인 거죠. 이 논리로 가면 결혼이야 할수 있죠. 그런데 사랑이란 건, 매혹당하면서 설명이 안 되어야 하는 성격이라고요.

한번 직장을 경험하면, 여간해선 꿈을 향한 열망으로 돌아오기 힘든 이유는, 이미 소비 수준이 결정되기 때문이다. 이미 정해진 삶의 수준을 포기하고서까지 확신 없는 열망으로 돌아설 엄두가 나지 않는 것이다. 우리가 하는 사랑이란 것 역시 별 다르지 않

우리 시대의 역설

은 속성은 아닐까? 하여 제대로 된 사랑을 만나려면 이 사람 저 사람 만나 봐야 한다는 말도 의심해 볼 여지가 있다. 외적 조건에 대한 너무 많은 경험이, 되레 사랑을 제약하는 조건절이 되어 버리기도 하기에…. 차라리 뭘 잘 몰랐던 어린 시절에 만나 사랑한 이들은 그 사랑을 끝까지 지켜 내려는 의리라도 발휘되지만, 조건으로 맺어진 관계는 그 조건이 사라지면 관계도 사라진다. 사랑은 사랑이 아닌 것들로부터 자유로워져야 할 의무가 선행되어야 하는 일인지도 모르겠다. 그것이 가능하려면 조건절이 붙어선 안 된다. 그저 끌림으로서의 서술이어야 한다.

그러나 그런 순도 높은 순수만이 사랑이라고 말하고 싶지는 않다. 내가 사랑하는 사람과의 삶을 위한, 최소한의 경제력에도 무심한 이들도 정말이지 환장할 노릇이다. 웃긴 건, 그런 성향들끼리 사랑하는 경우는 거의 없다는 사실. 어찌 됐건 한쪽이 벌고 있어야 사랑도 가능하다. 융의 분석심리에 대해 연구하는 이나미 교수는 견우와 직녀 설화를 그런 시각에서 해석한다. 지금과는 상징계의 매뉴얼이 달랐던 아주 먼 옛날에도, 사랑을 하기 위해 함께 이행해야 할 경제적 의무들은 있었다는….

그 남자의 증상

처음엔 안정적인 분산투자로 시작을 한다. 초반에는 대개 수익이 나기 마련이다. 서서히 주식의 찬양자가 되어 간다. 은행금리를 믿고 살아가는 인생들이 답답해 보이기 시작한다. 쏠쏠한 재미를 알아 버린 이후의 선택은 몰빵이다. 얼마 지나지 않아 엄청난 손해를 입지만, 다시 오르리라는 기대로 본전이 사라지도록 끝을 지켜보고야 만다.

하지만 이 끝에서도 그치지 않는 이유는, 처음이라 주식에 대해 너무 뭘 몰랐기 때문이라는 자기 위로에서이다. 주식투자는 계속된다. 주식투자에 관한 서적들을 탐독하기 시작한다. 탕진이 눈앞에 다가오고 있음에도 결코 멈추지 않는다. 은행에서 대출을 받는 이유는 더 이상 내 집 마련이 아니다. 모든 것을 잃고 나서야 어쩔 수 없이 주식에서 손을 뗀다. 그 모습을 안쓰러워하던 고향의 부모님이 방 보증금에라도 보태 쓰라고 약간의 목돈을 마련해 준다. 주식투자는 계속된다. 그치지 않는 이유에는 약간의 변화가 생겼다. 이제는 주식을 좀 알 것 같다는….

예전에 옆자리에 근무했던, 월급을 은행에 차압당하면서까지 끝내 주식을 포기하지 못하던 어느 선생님의 이야기이다. 이 선생님에게는 오랫동안 만나 온 여자 친구가 있었다. 그 여자 친구의 직업도 교사였다. 옆자리의 선생님은 자신의 여자 친구가 너무 현실

우리 시대의 역설

적이어서, 가진 게 없는 자신을 못마땅하게 여긴다고 생각했다. 그래서 주식으로라도 재산을 증식해야 한다는 게 나름의 논리였다.

그런데 그 여자 친구는 왜 그토록 못마땅한 남자 친구를 몇 년 동안이나 만나 주고 있었을까? 남의 사랑이야기에 대한 왈가왈부도 주제넘는 일이겠지만, 나는 그 선생님의 여자 친구를 이해할 수 있을 것 같았다. 남자 친구가 그렇게 주식에 빠져 있으니, 못마땅해하는 것도 당연한 일 아닌가?

예나 지금이나 여선생님들은 1순위의 신부감이지 않나? 그런데 같이 지내다 보면 여교사라는 타이틀을 전혀 의식하지 않으면서 사랑하고 결혼하시는 분들도 많이 있다. 물론 교직 밖에서 타자들이 바라보는 전형의 표집이 없는 건 아니지만, 자본주의적 시선으로 접근하는 잘난 남자들을 불쾌해하는 여선생님들도 꽤 있다. 사회 현상을 설명하기 위한 여교사로서의 표집이 있을 테지만, 사랑하는 여자가 마침 교사의 직업을 지닌 것뿐인 경우도 분명히 존재한다. 전자가 사랑하기 힘든 시절을 설명하기 위한 논거라면, 후자는 그래도 사랑해야 하는 시절을 해명하기 위한 논거라고 할 수 있지 않을까? 내 옆자리 선생님의 여자 친구는 과연 어떤 여교사였을까?

'현실적인 여자'란 때때로 그 여자의 속성이 아닌, 남자의 피해의식을 투영한 그 남자의 증상일 때가 있다. 물론 모든 경우가 다 그런 건 아니겠지만, 남들이 보기엔 충분히 이해가 가는 상황을 저 자신만 모르는 경우가 있다. 스스로 그걸 모를 수 있다는 게 도리어 이해가 가지 않기도 하고….

"사랑만 갖고 사랑이 되니?"

차라리 요즘 시절에 더 가슴 저리게 와 닿을, 옛날 CF 카피가 아닐까 싶다. 모든 걸 극복할 수 있는 사랑의 위대함, 그러나 때때로 우리가 그 위대함을 감당할 수 없을, 충분히 성숙하지 못한 시절에 찾아오거나 떠나가는 사랑이란 사실이 비극이기도 하다. 앞서도 언급한 이나미 교수는 한국의 민담을 통해 한국인들의 대중심리를 해석한다. 견우와 직녀의 사랑이 칠석날 오작교 다리 위에서 펼쳐지는 애절함이 되어 버린 사연은, 사랑의 열망에만 너무 몰두한 나머지, 삶에 대한 진지한 고민과 각자의 소임을 게을리 한 결과로 해석할 수 있다고 한다. 탈무드의 한 구절을 빌리자면, 사랑은 잼과 같이 달콤하지만 빵이 없으면 그것만으로는 살아갈 수가 없다.

삶의 질서가 무너지도록 에로스적 열망에만 충실하다 보면 열망 자체도 온전할 수가 없다. 상대방의 조건만을 따지는 남녀의 경우가 아니더라도, 사랑에 있어서의 현실적인 문제들은 결코 무시할 수 없는 사랑의 함수일 때가 있다. 이별의 이유로까지 이어진 경우, 상대의 '현실적 성격'을 성토하기도 하지만, 그 현실적인 성격으로 가난한 당신과 사랑을 했다는 사실도 어딘가 모순이지 않나?

상대가 너무 현실적이어서 자신에게 이별을 고했다고 생각하는 당신 역시 현실적이라는 반증일 수도 있다. 아니면 반대로 전혀 현실 감각이 없던가.

적어도 내 경우엔 그랬던 것 같다. 돌이켜 보니 내 맘 편하자고 둘러댔던 변명에 불과했다. 그토록 사랑했던 그녀를 '현실적인 여자'로 매도하면서까지, 최소한의 자존심을 지키고 싶었던 못난 남자의 정신 승리법이었다고나 할까? 내가 못난 놈이 되느니 차라리 그녀가 못된 년이 되어야 했던, 이기적인 열등감 앞에서 정작 현실적인 건 나였다. 그녀가 현실적인 문제로 떠나가지는 않을까 두려웠고, 그 두려움은 의심으로 변해 갔다. 그리고 그녀가 내 의심을 눈치채기 시작하면서부터 사랑은 삐걱거렸다. 오랜 시간이 지난 후에야 깨달아 버린 그 이별의 진실은 <식스 센스>의 반전과도 같은 것이었다. 무슨 마(魔)가 끼었나 싶은 그녀를 성토하던 내 자신이 귀신이었다. 물론 당시 그녀의 마음이 어땠는지야 지금도 알 수 없다. 이젠 알고 싶지도 않고…. 그러나 이별의 원인이 바로 나였다는 사실만큼은 부정할 수 없다.

사랑이라는 선물

사장님　피카소가 세잔의 그림을 보는 순간, 화가가 되기로 결심하거든요. 보다 극적인 경우가 혜능의 일화이죠. 혜능이 어느 날 나무를 하러 가다가, 주막의 어느 여자가 읽는《금강경》의 한 줄을 듣고서, 일자무식이었던 그가 소림사에 가서 육조가 되거든요. 한순간의 단어, 한순간의 만남, 그걸 '사건'이라고 하죠.

매혹당해 보면 압니다. 정말 매혹당하면 생업을 때려치고서라도 감행하죠. 세상 사람들에겐 그 결단이 이해가 되지 않는 거죠. 그럼에도 불구하고 포기할 수 없는 거예요. 저는 그렇게 생각해요. 우리가 무언가를 결심하지 못한다는 것은 그렇게 매혹당하지 않은 거예요. 남녀 간의 사랑도 같은 맥락이라는 거예요. 일종의 증여론 같은 거죠. 상호적인 것이 아닌, 일방적으로 주는 것. 부모가 자식을 사랑하는 것처럼, 계산하지 않는다는 거죠.

마르셀 모스의《증여론》을 빌자면, 선물하는 자는 '버리듯' 주어야 한다. 자신이 주었다는 기억 자체를 남겨 두어서는 안 된다. 그것을 기억한다는 것은, 선물에 대한 모종의 대가를 바라는 여지일 수도 있기 때문이다. 니체가 내린 사랑의 정의는 주지 않을 수가 없어서 줄 수밖에 없는 것이다. 사랑하는 여자 친구를 위해 구입한 명품백도, 어쩌면 너무 사랑하기 때문에 주지 않고는 못 견딜 것 같아서 기어이 건네야 하는 '선물'의 의미인지도 모르겠다. 그러나 그녀의 마음을 잡아 두기 위해 건네는 것이라면, 이미 '거래'의 성격이다.

심순애가 과연 김중배의 다이아반지를 사랑했던 것일까? 김중배는 물질 공세로라도 그녀를 잡아 두고 싶었던 것일까? 아니면 김중배 자신이 할 수 있는 표현이란 게 그런 것밖에 없었던 것일까? 그것을 무조건 속물근성의 표상으로 폄훼하는, 김중배의 다이아몬드에 투영된 이수일의 열등감도 조금 걸러서 볼 필요가 있지 않을까?

여기서 사르트르의 '자유' 개념을 끌어들일 수가 있다. 건네받은 것에 대응해야 한다는 의무감을 지니지 않은 채, 다른 선택의 가능성이 열려 있음에도 그 사람에게 응하는 것, 사랑은 그 자유로움을 전제로 한다. 그리고 그 자유 속에서 건네받은 것은 '선물'이 된다. 심순애를 향한 마음을 표현하고자 했던 김중배가 다이아반지에 대한 심순애의 어떤 의무를 원하지 않았다면, 그냥 주지 않을 수 없어서 준 것뿐이라면, 그도 사랑을 한 것이다.

사장님　지금 시대 현상이 왜 젊은이들이 사랑을 힘들어 하냐 이거죠. 저희 때는 사실 대학 다니면서 취업 걱정은 안 했어요. 지금은 불안이 너무 커진 시대이다 보니 누구를 만나기 전에 앞날에 대한 걱정부터 하는 거예요. 그 순간 사랑은 상징계 담화가 되는 거예요. 때문에 매혹당하기 힘든 거예요.

<rain1408>, 45.5x53cm, oil on canvas, 2017.

우리 시대의 역설

사랑이 상징계의 로직이라면 대용물이 너무 많은 거예요. 결혼 안 해도, 회사에서 승진하면 되고…. 너와 나의 관계로 성립되어야 할 상상계적 사랑이, '우리'의 관계로서 상징계 로직을 따라가고 있다는 거예요. 상징계는 언어의 세계고 합리의 세계란 말이죠. 상징계적 사랑과 상상계적 사랑이 서로 매칭이 안 되는 거예요. 매혹당할 만한 사랑이 별로 없는 거예요.

요즘에 왜 사랑의 담론이 안 팔리겠어요? 이미 많은 지식인들이 사랑의 현상에 대해서 설명을 했지만, 사랑의 담론에는 하나도 진보가 없다고 봐요. 플라톤의 〈향연〉 이후로, 그보다 더 사랑을 잘 설명한 책은 없다고 봐요.

워낙 라캉을 좋아하시는 성향인시지라, 그 알고리즘을 전제하고 말씀하실 때가 종종 있다. 여기서 언급된 상상계와 상징계의 의미를 쉽게 설명하자면, 상상계는 '제 눈의 안경' 정도의 의미이고, 상징계는 연애정보회사 회원들의 프로필 정도로 생각하면 되겠다.

플라톤의 《향연》에서의 다루는 주제는 사랑이다. 비극 경연 대회에서 우승한 아가톤이 이를 기념하기 위해 자신의 집에서 연회를 벌였는데, 이 자리에서 '사랑'에 관한 열띤 토론이 벌어진다. 저자가 플라톤이란 사실에서 짐작할 수 있듯, 이 열띤 토론의 승리자는 소크라테스이며, 그 유명한 '플라토닉 러브'의 출처이기도 하다.

사장님께서 자주 들어 쓰는 용어 중에서 토포스(topos)와 아토포스(atopos)라는 개념이 있다. 토포스란 어느 공간의 일정 범주를 뜻하고, 아토포스에서의 'a'는 부정형 접사이다. 즉 특정 범주에 한정되지 않는다는, 우리의 근원적 욕망은 특정 대상에 고착되지 않는다는 의미이다. 어떤 방법론으로도 해독되지 않는 원형질로 들끓고 있을 뿐이다. 그것을 해소할 목적으로 취하는 대상들은 그저 대리물에 불과하다. 우리는 실상 명품과 SNS 팔로워수를 욕망하는게 아니다. 뭔가를 갈망하긴 하는데, 그것을 제대로 해소할 방법론을 알 길이 없어서, 그저 아무 만족감이나 얻을 수 있는 대리적 방편들로 대신하는 것이다. 그리고 그 방편들이 싫증이 나면 다시 다른 방편들로 바꾸어 보는 것이다. 이것이 라캉의 환유연쇄 개념으로, '상징계'를 설명하는 방식이기도 하다.

이를테면 루이비통의 만족감이 시들해지면 에르메스를 욕망해보고, 과장으로 승진한 만족감이 사그라들면 이젠 차장의 지위가목적이 되어 버린다. 그러나 대리물에 불과하니 근본적인 해소 방안은 되지 못할뿐더러, 보다 근본적으로 그 근원적 욕망에 같은 싱크로율로 대응하는 특정 대상이 존재하지도 않는다. 그래서 우리는 어떤 특정 대상을 설정해 놓고서 대리만족을 느끼는 방편에 익숙해진다. 그 대리만족의 방편이란 그 사회가 공유하는 상징체계들의 문법이기도 하다. 신해철의 <나에게 쓰는 편지> 중간에 등장하는 내레이션을 인용하자면, '돈, 큰 집, 빠른 차, 여자, 명성, 사회적 지위, 그런 것들에 과연 우리의 행복이 있을까?'이다. 그리고 이 로직이 우리가 하는 사랑이라는 것에 이미 많이 침투해 있는 '조건 절'이라는 것.

플라톤의 《향연》에서는 '아토포스'와 비슷한 의미로서의 '아토 피아(atopia)'라는 단어가 등장한다. 그런데 이 단어가 '아토피'의 어원이란 사실을 사장님께 들어서 알게 됐다. 《향연》에서 '아토피 아'는 소크라테스를 향한 알키비아데스의 사랑을 규정할 수 없고 형용할 수 없다는 의미로 쓰인다. 그러니까 사랑이란 일정 범주에 고착시킨 규정으로는 설명할 수 없는, 우리의 무의식에서 들끓는 근원적 욕망에 가까운 속성이란 이야기이다. 어느 대학을 나와서 어느 직장에 다니고 있는, 얼마의 연봉에 어떤 외모이면 결혼 상대 자로 적합하다는 식의 토포스적 가치는, 결혼의 조건일 수는 있을 망정 사랑의 조건은 아니다.

아토피 증상은 아직도 그 원인이 제대로 규명되지 않았단다. 어 원으로 소급해 보자면, 특정 부위가 아닌 여기저기에 생겨나는 증 상이라는 의미인 것 같기도 하고…. 사장님께선 가려움의 증상에 주목하신다. 그렇게 원인도 모른 채 괴롭도록 가려워하는, 긁어 도 긁어도 시원치 않은, 그렇다고 안 긁을 수도 없는, 그런 게 사랑 이라는…. 내가 왜 그 사람을 사랑하는 데에는 명확한 이유가 없 다. 다른 누구도 아닌 너이기 때문에 너를 사랑하는 것이라는, 결 과로 순환하는 원인이 전부이다. 사랑받을 만해서, 혹은 사랑할 만

해서 사랑하는 게 아니라, 사랑하지 않을 수 없어서 사랑해야 하는 것. 그런 게 사랑이다.

나를 매혹시키는 그는 아토포스다. 나는 그를 사랑하고 나는 그(사랑하는 대상)를 분류할 수 없다. 왜냐하면 그는 내 욕망의 특이함에 기적적으로 부응하러 온 유일하고 독특한 이미지이다.

- 롤랑 바르트 -

사장님　분류할 수 없다는 건 상징계의 체계로는 이 가치를 설명할 수 있는 방법이 없는 거예요. 우리는 자꾸 언어로 말하려 하거든요, 세상의 말, 상징계의 말, 대타자의 말로 설명될 수 있다는 게 아니라는 거죠.

롤랑 바르트의 문예비평은 상당 부분 라캉의 정신분석에 의거한다. 그의 키워드인 '푼크툼'도 라캉의 '투케' 개념을 미학에 적용한 것이라고 보면 된다. 벤야민의 표현으로 대신하자면 '섬광처럼' 스치는 미적 감흥의 순간이다. 그렇듯 감흥이란 사전 지식으로의 해석이 아닌, 불현듯 맞닥뜨리게 되는 우연의 성질이다. 사랑도 예술적 감흥과 다르지 않은 맥락이라는 것. 우리가 저마다 지니고 있는 이상형의 조건과 사랑을 하는 것도 아니지 않던가. 미연에 대비할 수 없었던 교통사고처럼, 우연히 그리고 급작스럽게 다가오는 그런 것.

　때론 내가 왜 저 정도의 사람에게 끌리고 있는지를 내 스스로도 이해되지 않는다. 되레 그 사랑이 이토록 쉽지 않다는 사실에 자존심이 상할망정…. 우리가 흔히 말하는 이상형이란 것도 그저 상징계적 매뉴얼에 불과하다. 반면에 매뉴얼로 미리 지정되지 않는, 또한 화성 남자와 금성 여자의 체계 따위로 해명되지 않는 욕망 체계, 그것이 사랑이다. 비유하자면, 미학이 권고하는 미술사적 가치와는 상관없이 내가 좋아하는 화가와 작품은 따로 있는 것과 같은 경우이다.

이상한 나라의 엘리트

부모는 아이의 증상이다

사장님 효자가 잘 안 나오는 이유는, 엄마가 자신을 사랑하는 이
유를 아이가 아는 거예요. 내가 공부 잘해서 좋아하고, 내
가 잘나서 좋아하는 거지. 공부 못하고 직업도 변변치 않
으면 그 며느리도 안 예뻐해요. 그러니 애가 효자가 안 돼
죠. 엄마의 사랑이 무제한적 사랑이 아니었기 때문에, 자식
도 무제한의 사랑이 아닌 거예요. 아이들이 왜 저러느냐?
그건 부모가 그렇게 했기 때문인 거예요. 우리의 눈으로 자
식을 평가했기 때문에, 자식은 똑같은 눈으로 되돌려 주는
거예요.

저도 애가 있지만은 돌이켜 보면 그런 것 같아요. 내가 정

말 애가 공부를 잘하든 못하든, 훌륭하든 그렇지 않든 사랑한다면, 자식도 부모를 그렇게 사랑할 거예요. 그래서 그런 이야기도 하잖아요. 속 썩이던 자식이 효자 된다고…. 왜 그렇겠어요? 감옥에 다녀온 사람들 보면 엄청나게 효자인 사람들 많아요. 왜냐하면 감옥에 매일같이 부모가 면회를 왔었으니까요. 나는 창피한 자식이고 사회로부터 버림받은 자식인데, 부모에게서 그런 사랑을 받으니, 부모에 대한 책임도 느끼겠죠. 그런 자식이 제사 지내고, 때 되면 산소 찾아가고 뭐 그런 거죠.

좋은 대학 나온 자식들은 안 해요. 엄마가 자기를 왜 좋아하는지가 다 이해가 되는 거예요. 내가 공부도 잘했고 출세도 했으니까, 엄마가 어디 가서 자랑할 수 있었으니까…. 그러니 자식이 돌려줄 사랑이 없는 거예요. 지금 세대가 윗세대에 저항하는 것도, 제가 보기에는 자업자득이라고 생각해요. 우리가 젊은이들을 그렇게 대했다는 거예요. 실패하면 낙인 찍었고, 자기의 시각으로 평가했고, 그러니까 젊은 세대가 불복하는 거죠.

사장님의 출신 대학을 직접 여쭤본 적은 없지만, 프로필이 함께 실렸던 어느 기사를 통해서 이미 알고는 있다. 미팅 때마다 항상 함께하고 있는 출판사 대표님은 고려대 출신. 나는 그 리그에서는 다소 떨어져 있는 단국대 출신, 게다가 학창시절엔 꽤나 말썽을 피웠던 터, 그럼 내가 효자의 조건에 가장 가까운 건가? 물론 그런 일반화를 전제하고 하신 말씀은 아니지만, 가끔씩은 사장님께서 딛고 계신 리그의 풍토를 간접적으로나마 짐작해 볼 때가 있다. 물론 이 또한 교사 출신 특유의 주제넘는 오지랖일 수도 있고, 내가 딛고 있는 리그라고 해서 별 다를 건 없는 세태이기도 하지만….

한 가지 흥미로운 통계, 고학력 집단 중에 싸이코패스들이 은근히 많단다. 부조리한 정권의 실세였던 엘리트들의 면면을 살펴봐도 납득이 되는 데이터가 아닌가? 부모도 바라고 선생들도 관리하기 편한, 모범생들의 대다수는 나중에 좋은 직업을 가진 어른으로 자라날 것이다. 하지만 오로지 사회적 욕망에만 치여 자라나는 이들은 배워야 할 것과 느껴야 할 것들을 배운 적도 느껴 본 적도 없다. 그런 공감능력이 없어 그저 이해관계로 세상을 살아갈 뿐이다. 웃긴 건, 아니 웃기지도 않는 건, 그동안 한국 사회에서는 그렇게 살아도 별 문제가 되지 않았다는 사실이다. 어쩌면 지금도 어딘가에서는 그러고 있을지 모를 일이고…. 그래서 그런 엘리트들이 모여 있는 상류사회가 서민들의 아픔에 공감하지 못하는 것이기도 할 테고….

"내가 너를 어떻게 키웠는데…."
앞서 언급한 모스의 《증여론》을 적용해 본다면, 부모의 내리사

<명동거리>, 60.6x72.7cm, oil on canvas, 2014.

랑은 그 자체로 '선물'의 성격이어야 한다. 이 말이 튀어나오는 순간부터, 이미 '거래'가 시작되고 있는 것이다. 내가 그토록 너를 애지중지 키웠으니, 너는 내가 원하는 대로, 나를 위해서 살아야 한다는….

그 공과(功課)가 부모에게나 돌아간다면야 그 또한 성공이라 말할 수 있겠지만, 이미 자식에게도 자신의 욕망을 투영할 자식이 생겨 버린 마당에, 부모가 눈에 들어오겠는가? 그때 가서 내가 너를 어떻게 키웠는데를 따져 물어봐야, 자식들은 그저 부모가 투영한 욕망대로 자라났을 뿐이다. 그 책임을 자식에게만 따져 물을 수 있을까? 라캉의 표현을 패러디하자면 부모는 아이의 증상이다. 또한 그가 그렇게 되기까지 거쳤던 가정과 학교, 사회의 책임이기도 하다. 그들은 우리 사회의 증상이기도 하다. 우리는 그런 엘리트들이 점한 지위를 성공이라고 배웠다.

미쳐야 미친다

대표님   지금의 시절엔 왜 이렇게 존경받는 사람들이 없는 걸까요?

사장님   그것도 똑같은 문제일 텐데, 알키비아데스에 대한 소크라테스와 같은 아갈마가 없는 거예요. 저 사람이 저 일을 하는 이유가 너무나 이해가 잘 되는 거예요. 옛날에는 김수환 추기경이라든지, 함석헌 선생이라든지, 백기완 선생이라든지, 이런 분들에 대한 이해가 쉬운 건 아니잖아요. 저 사람이 저렇게 벌판에서 있는 이유가 상징계의 문법으로는 도저히 납득이 되지 않는 거예요. 그런데 지금의 지식인들이 그러는 건 이해가 돼요. 어찌 됐건 문화 권력이 되고자 하는 노력이란 걸 누구나 알잖아요. 그러니까 존경할 수가 없는 거예요. 강남좌파란 사람들 재산 보세요. 교육감들 자기 자식은 다 특목고 보냈잖아요. 존경할 수가 없는 거예요. 이 체계 자체가….."

MB 정권 시절의 촛불 집회 때 있었던 일, 당시 야당의 정치인들과 일부 지식인들이 무대에 올라가, 이 집회를 주도하는 양 목소리를 높이던 자의식이 집회 참가자들의 뭇매를 맞은 적이 있었다. 그런데 당시에 진중권 교수는 시민들과 함께 촛불을 들고서 그 광경을 트위터로 중계하고 있었다. 내가 진중권 교수를 존경까지는 아니더라도, 좋아하는 이유이기도 하다. 나는 대중을 대하는 그 태도까지를 그가 지닌 컨텐츠라고 생각하는 입장이다. 그런 면에서 개인적으로 좋아하는 고병권 같은 철학자는 정말이지 니체의 철학으로 살아가는 철학자 같다. 그에 비해 니체를 발판 삼아 저 자신의 시장을 확보하려는 듯한 '권력에로의 의지'들도 넘쳐 나고…. 물론 나도 그런 함량미달들 중 하나인지도 모르겠고….

사장님   뻔한 거죠. 뻔하니까 존경하지 않는 거예요. 미야자키 하
야오 같은 사람들 보면 정말이지 존경스러워요. 그렇게 성
공했으면 떵떵거리며 살 것도 같은데, 그렇게 수도자처
럼…. 그 나이에도 직원들하고 스토리에 관한 이야기를 나
누는 것 보면, 이 사람이 정말로 그 일을 좋아하는구나를
느낄 수가 있죠. 안도 다다오는 회사 1층의 제일 낮은 자리
에 자기 책상이 놓여 있어요. 자기가 일하는 모습을 직원들
이 다 내려다보는 거예요. 그래도 그 회사 대표인데, 직원
들 신경 쓰지 않고 그냥 자기 일 하는 거예요. 이 사람은 그
냥 건축에 미친 사람이 맞구나 하는 생각이 든다고요.

관심 있는 사람들은 한 번쯤 들어 봤을 강원래와 구준엽의 경기
고 재학 시절 일화. 3학년 때 담임선생님이 그렇게까지 춤을 좋아
한다면 차라리 '최고의 날라리'가 되라고 하셨단다. 지금과 같은
아이돌 시스템이 갖춰진 시절도 아니었기에, 그 시절의 학생들에
게 '춤'과 관련된 영역은 다분히 '날라리'로서의 일탈을 의미하기
도 했다. 얼마의 시간이 흐른 후, 두 청년은 날라리로서의 재능으
로 한국 음악사에 한 획을 긋는 '최고'가 되었고, 그로부터 20년이
더 지난 지금엔 '문나이트'의 전설로 통한다.

<눈 내리는 날>, 60.6x60.6cm, oil on canvas, 2018.

가진 것은 몇 배가 되었지만, 가치는 더 줄어들었다

그들은 화장실을 갈 때도 항상 문워크로 갔다는, 경기고 동창인 작곡가 주영훈의 증언. 그렇듯 정말 그것에 미쳐 있다는 사실을 증명하는 장면들은 거대담론이 아니다. 소소한 일상으로부터 이미 거대해질 준비가 되어 있는 것이다. 불광불급(不狂不及), 미쳐야 미친다고 했던가? 정작 어딘가에 제대로 미치지도 못하는 이들이, 거대담론의 욕망 주위만을 걷도는 것이 아닐까?

사장님   정말로 어딘가에 미치고 매혹당한 사람의 삶인지, 아니면 세상의 욕망에 충실한 사람인지, 지금의 대중들은 거기까지 들여다보는 거죠. 그렇지 않은 이가 마치 세상의 욕망에는 초연한 듯이 말하는 게 싫은 것일 테고…. 차라리 김구라처럼 말하라는 거예요. 있는 그대로의 자신을 솔직하게 인정하면서…. 멘토란 사람들은 그렇게 하지 않잖아요. 게다가 대중을 위에서 내려다보는 듯한 시각을 지니고 있기도 하고….

인간은 다면적인 욕망의 주체잖아요. 공인으로서의 그와 개인으로서의 그가 있는데, 예전에는 그런 게 다소 가려질 여지가 있었어요. 그래서 존경할 수 있었기도 한데, 요즘엔 다 드러나니까 360도로 평가하잖아요. 그러니까 존경할 만한 이들이 점점 사라지는 거죠.

어느 대중 철학자가 강연에서 '철학자는 아래로 내려가는 사람'이라고 표현을 했다. 얼핏 들어서는 겸양의 발로인 듯한 이 표현을 해체해 보자면, 아래로 내려가는 사람은 이미 위에 있는 사람이라는 전제이기도 하다. 그런 자의식으로 인해 결국엔 그 철학자는 이런저런 구설수에 오르기도 했던…. 그가 정말 철학을 사랑하는 철학자였던 것일까? 아니면 철학자라는 기표에 집착을 하는 철학자였던 것일까?

제 식구도 버리고 출가한 중놈들을 뭘 그렇게까지 믿고 의지하느냐던, 법정 스님의 일갈은 얼마나 솔직하면서도 존경스러운가. 뻑 하면 모든 게 흘러가는 구름이네, 어쩌네를 떠들어 대는, '달관의 제스처 섞인 선(禪)적 언어의 비선(非禪)적 남용'보다는…. 여러 선사들의 이런저런 일화에 덧대어 '색즉시공공즉시색'의 관념만을 늘어놓을 것이 아니라, 스스로 지향하는 바가 과연 삶을 위한 종교와 철학인지, 교리와 이론에 매몰되어 살아가는 삶인지를 먼저 반성해야 할 우리 시대의 멘토라는 사람들 아닐까?

행복의 변증법

만 원의 행복

명동에서 사장님과 출판사 대표님과 점심식사를 하고 나온 뒤, 사장님은 회사로 들어가시고, 나와 대표님은 근처의 한 로또 복권 판매점으로 향했다. 대표님의 정보로는 그곳이 다수의 당첨 자를 배출한 명당이었다. 한창 이슈가 되었던 초창기에는 잠깐 인 생역전을 꿈꿔 보기도 했으나, 내 인생에 그런 횡재수는 없는 것 같다는 결론 이후로는 구매한 적이 없었다. 그런데 그날은 대표님 이 그냥 내 것까지 하나 구입해 주셔서 아주 오랜만에 당첨번호를 조회해 봤다.

그 결과 대표님의 것은 꽝이었고, 나는 4등과 5등에 당첨되었 다. 당첨금을 수령하러 간 농협에서 인증샷을 찍어 대표님께 보내고, 술 한잔을 사기로 했다. 그런데 이런 경우 대개 술값이 5만 5천원은 더 나온다. 그럴 걸 로또는 뭣하러 구입했나 싶으면서도, 또 그냥 그런 심리일 게다. 아직 내 인생의 운을 다 쓰지 않았다는 희망 같은 걸 확인한 듯한…. 《노인과 바다》의 마지막 페이지에 적혀 있듯, 이 넓은 바다 어딘가에 아직 행운이 남아 있을 거라는 기대 같은 것.

서구 사회에서는 로또가 만 원으로 일주일을 가장 행복하게 보내는 방법이란다. 당첨이 안 되면 사회복지의 혜택이 되어 돌아올 테고, 당첨이 되면 더 좋은 일이고…. 들뢰즈는 이 비슷한 심리로 문학의 기능성을 설명하기도 한다. '무엇이 일어날 수 있었는가'의 잠재성으로부터 분화하는 스토리텔링에 관한…. 은근한 기대로 보내는 일주일은 그런 상상의 스토리텔링을 가능케 하는 행복의 조건인지도 모르겠다. 1등이 되면 그 당첨금으로 무엇이 일어날 수 있는가에 대해 다들 상상해 보지 않을까?

그날 명동의 로또 판매처로 향해 가는 중에 대표님께 물었다. 만약 1등에 당첨되어도 출판사를 계속할 거냐고? 대표님의 대답은 '할 것 같다'였다. 대표님도 내게 되물었다. 만약 1등에 당첨되어도 계속 글을 쓸 것이냐고? 내 대답도 '쓸 것 같다'였다. 또 사람 일이 어떻게 될지 모르고, 가져 보지 못한 이들이 가지게 된 후에는 어떻게 변할지 모르는 일이니 장담할 수는 없는 가정이겠지만서도, 나는 아직까진 내 일이 재미있다. 당장에 하고 싶은 기획도 많이 있고…. 또한 내 인생에서는 이 변변치 않은 재주가 로또인지도 모르겠고, 그런 것 보면 내 인생의 운도 괜찮은 편이었던 것 같다. 어찌 됐건 로또 1등을 빗겨 간 출판사와 작가는, 그 다음 주에도 여전히 책을 만들고 글을 쓰고 있다.

최대 누적 수령액의 로또 당첨자가 춘천에서 나왔었다. 이 경찰분이 일정금액을 기부하고 이민을 갔다는 소문이 무성했었는데, 실상 춘천에서 작은 사업을 하시면서 잘 살아가고 있단다. 그렇다면 이민을 갔다는 소문은 왜 돌았을까? 로또 상금을 수령하러 가면, 그 앞에 이미 자선을 구걸하는 손길들이 포진하고 있단다. '있단다'라는 표현에서 짐작할 수 있듯, 나도 남에게서 들은 것이다. 내가 직접 수령을 하러 가본 적이 없는 터라…. 아마도 자신이 로또에 당첨되면 주변 사람들에게 시달리느니 차라리 이민을 갔을 거라는, 개개인이 지니고 있던 희망의 가정들이 모여 이룬 소문이었던 게 아닐까?

실상 복권 당첨자들 중의 많은 경우가 상금을 지혜롭게 운용하며 잘 살아간단다. 춘천분 경우에도 꾸준히 기부 활동을 해오셨으며 총 기부액이 100억대라고…. 그런데 우리에겐 당첨금을 흥청망청 써버린 후에 노숙자 혹은 범죄자로 전락한 뉴스만 들려온다. 하긴 그런 자극적인 소식들이 뉴스로서의 가치가 있기도 할 테고, 또한 자신을 빗겨 간 행운에는 은근히 그런 불운으로의 변질을 기대하기도 한단다. 그 불운의 사례들을 인생의 교훈으로 삼거나, 혹은

<달리는 자동차>, 40x72.7cm, oil on canvas, 2015.

그 불운의 사례로 횡재수에서 빗겨 간 자신의 평범함을 위로하거나이다.

세상엔 너보다 힘들게 살아가는 사람들도 많다는, 그러니 너의 지금을 다행으로 알고 열심히 살아가라는 어른들의 말도 같은 맥락이지 않을까? 그렇듯 우리는 남의 불운을 통해 나의 '불행하지 않음'을 유지하려 들기도 한다. 스스로 행복을 쟁취하는 일이 더더욱 힘들어지는, 경쟁과 불안이 더욱 가중되는 시절에 가장 손쉬운 자기 위로는, 남이 추락하는 사례들로 추락의 높이도 되지 못하는 스스로를 긍정하는 것이다. 그런 자위의 인생훈들이 실상 악플의 심리와 별반 다르지 않은 지점을 딛고 있다는 역설.

당신을 응원하는 사람 중에 진정으로 당신의 성공을 바라는 이들은 생각보다 많지 않을 것이다. 차라리 자신이 응원할 수 있을 처지를 당신이 계속 유지하길 바라는 측근들도 꽤 있을 것이다. 정치경제와 비슷한 맥락이다. 사회의 불안이 사라지지 않길 바라는, 이미 그 불안을 통해 형성된 시장과의 역학관계를 맺고 있는, 자신의 위안을 유지하는 타인의 불안이 사라지는 걸 원하지 않는 이들도 적지 않다. 타인을 향한 당신의 응원은 얼마나 진정성 있을까? 당신을 향한 응원의 성격도 별반 다르지 않지 않을 것이다.

과대망상과 피해의식

사장님   제 기억으로는 《이타주의자》이었던가 그랬을 거예요. 그 책에 한국 사람의 성향에 대해 적어 놓은 페이지가 있어요. 두 개의 실험실에서 각각의 실험자가 카드게임을 하게 하고, 옆방에서 게임을 하는 사람들의 점수를 알려 준 거예요. 미국 사람 같은 경우에는 절대적인 점수가 올라가면 만족을 느끼는데, 한국 사람은 옆방에서 게임을 하고 있는 사람의 점수보다 낮으면 엄청 불편해한다는 거예요. 나와 전혀 관계없는 게임을 하고 있는데도, 상대의 상황이 나의 만족도에 영향을 미치는 거죠.

출판사 대표들과 만나다 보면, 베스트셀러를 죄다 사재기의 결과로 몰고 가는 경우들이 있다. 그것이 정말 사재기의 결과인지 어떤지는 모르겠지만, 그것들이 잘 팔려 나간다는 사실이 자신들의 출간물이 팔리지 않는 1차적 원인인 것도 아닐 텐데, 그런 피해의식으로 '책바치의 신념'을 지키려 든다. 반복하는 이야기이지만, 피해의식은 과대망상의 반동이다. 실상 그 출판사들이 만들어 내는 책도 저들의 것과 별반 다르지 않은 성격임에도, '세상에 하나뿐인 책'에 대한 사명감은 또 오지게 떠들어 댄다는….

대표님 두 가지로 얘기하죠. 사재기 아니면 상업성에 치중한 책이
고⋯. 그래야 마음이 편하죠. 나는 좋은 책을 만들어 내고,
안 팔려도 사명감을 갖고 일하는 출판인이고⋯.

  한 대형 출판사가 문학 임프린트를 새로 론칭하던 시기에, 내 소
설 원고에 대한 논의가 이루어진 적이 있었다. 원래는 모기업에 투
고한 인문학 원고에 대한 이야기가 오가던 중에, 그 원고를 읽은
임프린트 대표가 나에게 연락을 해와서 한 번 만난 적이 있었다.
문학을 다루는 대표와 만난 자리다 보니, 내가 몇 년째 문단에도
도전하고 있는 입장이란 사실까지도 말하게 됐다. 대표는 한번 소
설 원고를 보내 달라고 했고, 메일에 첨부한 원고를 며칠 동안 읽
어 보더니 그걸 진행하자는 답장을 보내왔다. 그렇게 내 첫 소설이
세상의 빛을 보게 되는 줄 알았다.
  그 출판사 대표는 등단 시인이기도 했었는데, 자신의 말로는 문
단의 권력과 풍토에 다소 염증을 느끼고 있는 중이었다. 자신은 새
로운 문학의 지평을 추구한다는 듯 이런저런 폐단에 대한 지적을
늘어놓으며 내게 헛된 희망만을 심어 주었다. 몇 달이 지나도 진행
에 관한 구체적인 이야기는 없었고, 결국 그 출판사는 히가시노 게이
고 측으로부터 출간 계약을 따냈다. 유명 작가가 보유한 시장성
앞에서, 내가 지니고 있을지도 모를 잠재성이 보일 리 있었겠나?
  나 또한 그런 피해의식을 지닌 적이 있었다. 저 히가시노 게이고

<비 내리는 거리>, 60.6x90.9cm, oil on canvas, 2017.

때문에 내가 소설가가 될 기회를 놓친 거라는…. 하긴 히가시노 게이고가 뭐 잘못인가? 그런데 때론 피해의식이 잘못된 인과와 상관의 시선 끝에 놓인 대상에 들러붙는 경우가 있다. 나는 아직까지 히가시노 게이고의 소설을 한 권도 읽어 보지 않았다. 《나미야 잡화점의 기적》도 영화로 봤을 뿐이다.

사장님 한국 사회의 스트레스가 높은 이유는, 주위 사람들의 라이프에 굉장히 예민하기 때문인 것 같아요. 라캉 식으로 말하면, 내가 누리지 못하는 향락을 남들은 누리고 사는 거 아닌가 하는 데에 민감한 거죠. 연예인들을 향한 악플도 그런 심리이지 않을까요? 내가 누리지 못하는 것을 저들은 누리고 사는 것에 대한 불만이 투영된 피해의식들인 거겠죠. 내게서 가능하지 않을 바에야 차라리 저들이 느끼지 못하고 있다는 사실을 확인해야 안심이 되는 거죠.

예전에 서운한 기억으로 헤어진 출판사들의 현재 상황을 확인해 볼 때가 있다. 혹여 베스트셀러라도 냈을 경우에는 그렇게 마음이 안 좋을 수가 없다. 내겐 그렇게 비상적으로 굴었으면서도, 상식에 대해 말하고 있는 출간물들로 돈을 버는 부조리가 자못 짜증이 난다. 혹여 몇 년 동안 고전을 면치 못하고 있는 경우엔 쾌감을 느낀다. '거 봐라, 그렇게 못되게 굴더니' 하는 옹졸한 마음으로…. 그들의 부침이 내 현재에 미치는 영향이 전혀 없음에도, 도통 풀리지 않던 내 현실을 그들의 부진으로 위로하던, 나도 본질적으로 그들과 다르지 않았다는….

공백을 먹다

거식과 폭식

사장님　'먹는다'는 기표와 근원적인 욕망이 붙어 있는 사람이 있
　　　어요. 그런 경우 거식증으로 이어지거나, 혹은 폭식증으로
　　　가는 거죠. 거식증이나 폭식증이나 똑같은 현상이에요. 거
　　　식증은 공백을 먹는 증상이에요. 안 먹는 현상이 아니에
　　　요. 정신분석에서는 그렇게 해석을 해요.

　대표님께서 미팅 중에 나온 '공백을 먹다'라는 문구에 꽂히셔서,
책의 제목으로까지 염두에 두고 계시길래, 나도 한번 관련 자료들
을 살펴봤다. 라캉 이론의 주된 주제는 언어(기표)와 욕망의 상관이
다. 우리 안에 자리한 원형질로서의 욕망은, 안에서 무언가가 끓어

오르고 차오르고 있다는 것은 느끼지만, 도저히 언어로는 설명할 수 없는 성질이다. 그러나 이성의 존재인 인간은 뭔가 합리적으로 설명되지 않는 증상은 곧 불안이다. 인과는 아닐망정 상관으로라도 해명이 되어야 한다. 그래서 언어로 설명되지 않는 것을 기어이 언어의 체계로 해명하려 든다.

언어의 세계란 말과 글만을 뜻하는 게 아니라, 언어를 도구로 하여 인식하는 세계 전반을 이른다. 이것이 라캉이 말하는 상징계의 속성이다. 언어는 그 사회가 공유하는 기호이기에, 이 언어가 타자의 담론을 실어 나르는 매개이기도 하다. 즉 라캉은 한 사회가 공유하는 메커니즘의 원인을 언어로 지목하고 있는 것이다. 따라서 언어화 될 수 없는 근원적 욕망이 언어로 해석될 시, 그 사회가 공유하는 가치체계를 주체적이지 못한 태도로 욕망하게 된다는 것. 이것이 타자의 욕망을 욕망한다는 의미이다.

우리는 우리 안에서 들끓고 있는 근원적 욕망을 명확히 해독할 수 없기에, 그 사회의 성원 모두가 욕망하는 가치들을 나도 욕망함으로써 느끼는 대리만족으로, 그 근원적 욕망이 해소되었다고 믿는 것이다. 그러나 대리물에 불과하기에 본질적인 해소는 애초부터 불가능한 것이다. 그래서 다른 방법을 모색한다는 것이, 고작 그 대리물을 계속해서 바꾸는 것이다. 반복되는 이야기이지만, 라캉의 페이지에서 이것이 환유연쇄니 욕망 자체를 욕망한다느니 하는 증상이다.

실상 학생들은 등골브레이커 자체를 욕망하는 게 아니다. 그들 사이에서 통용되는 관계의 문법으로부터 소외되지 않으려 누구나 욕망해야 하는 것이다. 이 평준화에서 자기 존재감을 확보하려면 구스의 함유량이 보다 높은 디테일로 치고 나아가야 하는 것이다. 그러니까 실상 그런 돈지랄이 하고 싶은 게 아니다. 그것 이외에는 자존감을 확인할 수 있는 방법론을 잘 모르는 것이다. 특히나 조기교육에서부터 상징계적 문법으로 옭아매는 한국사회는 그런 방법론에는 도통 관심이 없다. 그래서 그토록 공허한 욕망들만을 양산해 내고 있는 것이다.

거식증의 원인에는 여러 가지가 있단다. 그중 하나가 날씬한 체형을 선호하는 사회 분위기가 투영된 갈망이다. 이는 곧 '날씬한'의 기표를 욕망하는 것이기도 하다. 그 언어적 욕망에 대한 결핍감 자체를 계속 섭취하는 것. 때문에 거식증은 대부분 폭식증을 동반한단다. 체중 증가에 대한 두려움으로 먹고 토하고 먹고 토하다 나중엔 몸이 음식에 거부 반응을 일으키는 수순이다. 그러니까 단순히 음식을 먹고 안 먹고의 문제가 아니라 채워지지 않는 마음의 공백이 몸을 상하게 하는 것. 사회의 증상이라는 점에서 그 사회도 아픈 것이다.

마네킹이 걸치고 있는 것들은, 쇼윈도 밖의 거리를 진단하는 체크리스트이기도 하다. 마네킹이 걸치고 있는 것들 중에, 내가 무엇을 지니고 있는가로써, 거리를 걷고 있는 군중들 안에서 자신의 좌표를 확인한다. 보드리야르의 표현을 빌리자면, 쇼윈도는 건물의 안이면서도 동시에 이미 길로 나와 있는 공간이다. 마네킹이 지닌 바디라인부터가, 많은 이들이 그 기준에 근접하고자 운동을 하게 하는 우월적 평균치이다. 이로써 휘트니스 산업은 클럽들끼리의 경쟁이 심화될지언정 영역 자체는 유지가 된다.

분명 각자의 미학과 각자의 신체를 지닌 이들에겐 정당하지 않은 기준이다. 그러나 그것을 거부할 수만도 없는 이유는, 단순히 패션과 관련한 열정에 그치는 것이 아닌, 그 기저에 이미 이런저런 자본사회의 욕망이 얽혀 있는 복합체이기 때문이다. 그것은 곧 그 사회 내에서 위계를 상징하는 기호이기도 하다. 아무리 그런 현상의 부조리를 비판해 봐야, 우리나라의 대학 서열을 평준화시키는 것만큼이나 어려운 일이다.

사장님   인간은 누구나 자기 욕망의 체계 속에 결여를 지니고 있단 말이죠. 그 결여를 메우려고 한단 말이에요. 명품으로 메우려고도 승진으로도 메우려 해봐도 결코 메워지지 않죠. 나는 승진하면 좋아질 거야, 차를 바꾸면 좋아질 거야, 집을 사면 좋아질 거야. 하지만 영원히 안 좋아지다가 절망하는 거거든요. 욕망이 잘 안 맞는 거거든요. 내 욕망의 체계와 세상의 규칙이 안 맞는 거예요. 내 욕망은 IBM인데, IOS가 깔려 있는 거예요. 세상이 살라고 하는 방식대로 살려고 하

<터널로 가는 길>, 60x90.9cm, oil on canvas, 2013.

우리 시대의 역설

<눈 내리는 날>, 60.6x60.6cm, oil on canvas, 2018.

면, 내가 너무 힘이 든 거예요. 몸하고 맘하고 받아들이는
세계가 안 맞는 증상이죠.

현대자동차에 다닌다는 그 친구놈에서 듣게 된 오빠차와 아빠차
개념. 오랫동안 중형세단의 대명사였던 소나타가 요즘에는 젊은
세대를 겨냥하는 디자인으로 출시가 된단다. 예전에 비해 가격이
많이 떨어진 외제차와 경쟁을 해야 하고, 또 아반떼 급은 잘 팔리
지가 않는단다. 때문에 요즘은 소나타가 '오빠차'가 된 현상의 연
장에서 그랜저가 '아빠차'가 되었다고….

경제는 어렵고 가계부채는 늘어나는 와중에도, 세상 어딘가에서
는 오빠들과 아빠들이 예전보다 더 큰 극간으로 상품의 '기호가치'
를 구매하는 시대. 내 개인적인 짐작으로는 '오빠차', '아빠차'의
프레임도 자동차회사의 마케팅 전략이 아니었을까 싶다. 이젠 사
회적 지위를 증명하는 사물로서라기보단, 다소 위계를 낮춘 오빠
와 아빠의 기표로서 불황을 돌파하려는…. 더 이상은 '멋지게 사셨
군요'라는 일생에 관한 문구가 아니다. 오빠로서 그리고 아빠로서
이 차를 소유해야 하는 것이라는, 일상으로 침투하는 담론이 관건
이다. 여성은 태어나는 것이 아니라 만들어지는 것이라던 보부아
르의 테제를 뒤집은 경우라고나 할까? 남자도 시장에 의해 그 성
숙도가 미리 지정된다. 오빠이거나 아빠이거나….

사장님 옛날에는 '니가 세상에 맞춰!'였어요. 지금의 시대에는 맞지도 않을뿐더러, 맞출 수도 없다는 걸 깨달아 가는 거예요. 반면에 요즘의 많은 책들이 '세상에 맞추지 마! 그냥 너 하고 싶은 대로 하고 살아! 그것도 하나의 솔루션이야!'라고 말하고 있는 거죠. 저는 그렇게까지 이야기하고 싶진 않아요. 제가 생각하는 건, 힘든 이유를 조금 설명해 주고, 그렇다고 답을 주겠다는 생각은 안 해봤고, 어쩌면 이 문제가 여러 가지 방식으로 해소될 수 있을지 모르니 답이 이것밖에 없다고 단정하지 말자는 거예요.

각자의 방식으로

김훈 작가의 어느 에세이집에서 읽은 기억인데, 찬물에 말은 밥을 고추장에 찍은 풋고추와 곁들여 먹는 한 끼에 관해 특유의 디테일한 서사로 써내려 간…. 물론 그저 물에 말은 밥에 관해 이야기하려고 쓴 글은 아니었고, 정확한 기억은 아닌데, 물에 말은 밥 한 끼에서도 행복을 느낄 수 있는 문인의 소확행이 주제였던 것 같다.

내게 물에 말은 밥 한 끼에 대한 기억은 그다지 행복의 심상이 아니다. 어린 시절의 잠결에 어렴풋이 보게 된 광경, 가게를 운영하시던 엄마가 집에 들어와 싱크대 위에서 간단하고도 급하게 물에 말은 밥을 먹고서 다시 가게로 나가시던…. 그런 기억을 지닌 내게 물에 말은 밥이 제아무리 정갈하게 만다 해도 소확행의 가치로 추구할 수 있는 한 끼일 리 있겠는가?

미팅 중에 누누이 언급되었던 이야기는 무라카미 하루키의 <작지만 확실한 행복>에 관한 것이었다. 문학을 공부하는 입장에서, 또 문단에 도전하는 입장에서는 반드시 읽어야 할 하루키의 매뉴얼들이 있기에, 그의 작품들을 무작정 읽어 대던 시기가 있었다. 이 바닥으로 건너와서 뭐가 잘 안 풀리던 시기에 읽은 탓인지, 그가 책에 적어 넣은, 갓 구운 빵의 부스러기에 대한 행복에는 크게 공감할 수 없었던…. 그도 하루키가 지어 올린 세계 안에서의 미니멀니즘이기에 의미가 있는 것이지, 무작정 그것을 따라하겠노라 집어 먹는 빵가루가 소확행일 리가 있겠는가?

대학을 졸업하고도 취업이 되지 않아서, 다시 대학교 도서관을 전전하던 시기. 어쩌다 사범대 매점 문을 닫을 즈음에 들릴 일이라도 있으면, 평소 우리 기수와 친하게 지냈던 매점 이모가 그날 팔고 남은 바게트 샌드위치를 건네곤 하셨다. 후배들이 다 돌아간 과실에 남아 그 샌드위치를 꾸역꾸역 씹어 대던 27살의 어느 날, 옷으로 떨어진 빵부스러기를 털어 내면서, 어떤 대열에도 합류하지 못하고 떨어져 나온 부스러기 같은 내 인생에 느꼈던 처참함. 내게 빵가루에 대한 낭만이 가능하지 않은 것도 당연한 일 아니겠나?

살아온 시간의 결이 다르면 사물을 바라보는 관점도 서로 다른 법, 아직은 어떤 치유의 계기가 마련되지 않은, 여전히 내게는 서글픈 풍경들이 있다. 물론 소확행의 가치란 것도 각자의 철학일 게다. 또한 그만큼이나 애매하다. 이미 무언가를 이루어 낸 이들의 여유로운 시선 끝에 맺히는, 행복은 그리 먼 게 아니라고 권고하는 듯한 문인들의 가슴 따듯한 문체도 나는 별로다. 솔직하니 어느 결에 맞추어야 하는 것인지 잘 모르겠다. 어찌 됐건 시대의 트렌드가 소확행인 터라…. 그러나 또한 소확행의 담론에서조차 소외된 이들에게도 배려가 있어야 할 것 같기도 하다. 그 정도까지는 고려하는 글쟁이이고 싶다.

어느 날 미팅에서의 주된 주제는, 소확행의 가치가 과연 사회가 권고하는 성공의 담론에 대한 저항의 정신인가, 아니면 체념의 증상인가에 대해서였다. 물론 김훈 작가나 하루키의 경우는 전자에 해당할 것이다. 그리고 이젠 내게도 그런 풍요의 시선이 없지는 않다. 그러나 서점가가 공유하려 드는 소확행이란 것이 정말로 기존의 성공 담론에 대한 저항일까? 아니면 그 성공의 기표를 쟁취할 수 없는 좌절의 한 증상일까? 우리는 정말 소소하고도 확실한 행복을 추구하는 것일까? 아니면 당장에 가능한 소비의 최전선을 긍정하는 것일까? 그것이 정말로 기존의 가치들에 대한 저항이라면, 타인의 시선을 염두에 두면서 SNS에 업데이트하는 행복에 대한 강박도 조금 내려놓아야 하지 않을까?

사장님　젊은 세대들이 왜 아이를 안 낳느냐는 거죠? 그들이 극렬
　　　　하게 저항하는 이유 중 하나가, 윗세대들이 마치 그것이 조
　　　　국을 위한 출산의 의무처럼 몰아붙이기 때문이에요. 젊은
　　　　세대 입장에서는 스스로가 재생산 기계처럼 느껴지는 거
　　　　죠. 또한 아이를 낳을 욕망이 없는 거예요. 나도 얻을 수 없
　　　　는 기표를 내 아이들도 얻을 수 없다고 생각하는 거예요.
　　　　얻을 수 없는 삶에 대해서 저항하는 거죠.

　여직원들의 출산휴가나 육아휴직에 대해서 여쭸더니,
3개월 정도의 급여가 나오고 그 밖의 지원금은 없다고 한다. 그런
데 교사들은 1년 정도의 기간 동안 급여가 차등 지급되는 것으로
알고 있다. 나도 받아 볼 기회는 없었지만, 어찌 됐건 그래서 공무
원이 좋은 거다. 굴지의 기업의 제도적 지원이 이럴진대, 그보다
못한 여건에서는 출산도 쉽지 않은 현실. 또한 점점 커져만 가는
사회의 불안도가 저출산을 부추기는 함수일 게다. 교직에서도 있
어 봤고, 그보다는 불안정한 출판계와 서점가를 상대하고 있는 입
장이라, 나는 그런 경제적 조건이 무시할 수 없는 큰 함수라고 생
각한다. 반면 사장님께선 젊은 세대들의 가치관 자체가 변해 가고
있는 것으로 말씀하신다.

사장님　n포 세대 문제는 양가적이라고 봅니다. 지금의 시절엔 기

성세대들이 추구하던 상징계의 지표를 얻을 수 있을 가능성이 현저히 낮아진 거죠. 저들이 말하는 상징계의 언어로는 내 욕망을 이야기할 수 없는 거예요. 표현할 수도 없을 뿐더러 표현하지 않겠다고 말하고 있는 거죠. 상징계의 기표들을 많이 지니고 있는 기성세대 입장에서는 짜증 나는 현상이에요. 내가 노력해서 접한 가치들을 존중받아야 하는데, 아랫세대들이 그렇게 안 한단 말이에요. 그러니까 꼰대 같은 발언들만 쏟아 내는 거죠. 멘토라 하는 사람들은 여전히, 조금만 더 열심히 하면 될 거야, 너도 이 기표를 가질 수 있을 거야 하며 상품을 팔지만, 이젠 청춘들은 그런 멘토들도 지겨운 거죠.

실상 아직도 많은 청춘들이 기성들의 기표를 가지려고 노력하죠. 하지만 서서히 시대 분위기가 변하고 있는 것 같아요. n포 세대는 어떻게 보면 가장 극렬한 저항일 수 있어요. 그런데 저항이냐 체념이냐는 동전의 양면 같은 거죠. 내가 그 기표를 원한다고 해서 가질 수 없어요. 그러니 나는 내 나름의 기표를 찾겠다는 거죠. 당신네들의 '열심히'라는 기치는 내 기표가 아니기에 욕망하지 않겠다고 얘기하는 거예요.

뭘 포기하기에도, 딱히 뭘 이루어 놓은 게 없어서, 포기의 전후가

우리 시대의 역설

<노을진 한강다리>, 60x162.2cm, oil on canvas, 2013.

변별이 되지 않을 판이다. 한다고 했는데, 산다고 살았는데, 그 각고의 노력 끝에 이 지경이 되어 버렸다. 젠장! 이렇게 될 줄 알았다면 노력이나 덜 할걸…. 요즘의 청춘들이 이런 심정일까? 그리고 그 나름의 기표를 찾은 것이 '소확행'이라는 방식일까?

사장님   소확행이라는 게 사회에서 성공하지 못한 사람들, 혹은 이 거대담론에서 소외당한 자들이 찌질하게 모여서, 나도 그 담론의 찌꺼기라도 먹겠다는 것이 아니라, 그 담론 전체를 부정하는 삶의 양식이라는 거죠. 제가 봤을 땐 소확행에도 2가지 방략이 있는 거예요. 상징계에서는 '이게 좋은 삶이야'라고 말하는데, '어차피 거기에 도달할 수가 없어, 난 요기밖에 못 가' 하는 판단이 들면, 그럼 그걸로 만족하고 사는 거예요. 기존의 가치체계를 존중하는 이런 소확행도 있다고 보는 거고요. 그게 아니라 이 상징계를 전도시키고 전복시키는 소확행도 있다는 거예요. '나는 푸어맨이지만 행복해'가 아니라 '너의 삶이 있고 나의 삶이 있다'는 스펙트럼이 다른 소확행이 있다는 거예요.

예전에 잠깐 인연이 있었던 수학 선생님이 했던 말이 문득 떠올랐다. 자신은 수학 문제를 푸는 순간에 그렇게 행복하다고…. 이 말을 이해할 수 있는 사람이 얼마나 될까? 나도 당시엔 그냥 자기

과목에 대한 프라이드 정도로만 생각했다. 지금에서 돌아보면 그만한 진정성도 없는 표현이었다. 그 행복에 대해 남들에게 해명해야 할 이유도 없고, 그 행복 자체에 대한 이유도 없는 것이다. 그냥 좋은 거지. 그런 것 보면 '그냥'이란 단어만큼 많은 의미를 함축하고 있는 수식어도 없다.

가끔씩 근처 공원을 걷는 이유는, 밤바람 사이로 음악을 들으며 걷다 보면 글감이 떠오를 때가 있기 때문이다. 혹여라도 잊을 새라 머릿속으로 계속 되뇌이면서 걷다 보면 문장 하나로 다듬어진다. 이 문장을 중심으로 앞뒤를 메우는 글쓰기가 가장 흡족한 페이지로 출간될 때가 많다. 매일같이 글만 쓰고 사는 인생이지만, 실상 무언가를 억지로 써내리고 있다는 느낌으로 노트북 앞에 앉아 있는 경우도 적지 않다. 요즘의 내게 행복한 순간을 말하라고 한다면, 공원에서의 산책 중에 떠오른 글감을 글로 마무리하는 순간이다. 낚시의 쾌감 비슷한 것이다. 나는 가끔씩 근처 공원으로 글감을 낚으러 간다.

그런데 공원에서 낚는 이 행복의 확률도 누가 이해하겠냐 말이다. 글에 관심이 없는 사람들은 말할 것도 없거니와, 글을 쓰는 사람들도 저마다의 글쓰기 방식이 있을 테니…. 뭐 그런 게 아닐까? 각자의 바다에 담겨 있는, 각자의 방식으로 건져 올리는 그 행복이라는 것. 오롯한 낭만의 가치만은 아닌, 어부와 바다의 관계처럼 생업으로 이어지는 순간들이면 더욱 행복할 테고…. 그러나 요즘의 시대가 추구하는 소확행이란 슬로건은 이미 사회적 가치로 매뉴얼화가 되어 있는 듯하다. 저들이 먹어 본 건 나도 먹어 봐야 하고, 저들이 가본 곳은 나도 가봐야 하는, 소소한 것들에조차 침투해 있는 타자의 담론.

우리 시대의 역설

자유는 더 늘었지만,
열정은 더 줄어들었다

자신을 브랜드화하다

메타지식의 시대

《날개가 없다. 그래서 뛰는 거다》라는 제목의 책, 저자는 계명대 출신으로 업계에서는 나름 성공 신화를 써내린 인물인가 보다. 그런데 지방대 출신으로서 지방대의 문제를 지적하는 페이지가 있다. 약간 오해의 소지가 있을 수도 있는 표현이지만, 아무튼 주된 내용은 서울권 대학과 지방 소재 대학의 차이에 관한 것이다. 저자가 서울권 소재의 대학을 설명하는 키워드는 접근성이다. 서울권 대학을 다니는 학생들에게 기회가 많은 것도 사실이지만, 그 기회에 닿고자 하는 노력이 지방대보다는 구체적이라는 것.

여간한 기업의 본사는 죄다 서울에 모여 있으니, 그곳에 다니는 선배들도 자주 찾아와 이런저런 조언을 해줄 것이고, 또한 취업의 치열함도 보다 가까이에서 느끼는 것이다. 공무원 시험을 치르더라도 노량진을 한번 방문해 볼 필요가 있는 이유는 유명 강사진 때문만은 아니다. 거기서 치열하게 살아가는 청춘들의 하루를 확인하고 나면 내 스스로의 하루를 반성하게 된다. 물론 나도 한동안은 노량진 학원가의 어딘가에서 방황하던 청춘이기도 했고….

저자의 주장은 지방 소재 대학에 다니는 학생들이 치열하게 살지 않는다는 이야기가 아니라, 치열함의 정보력이 다소 부족하다는 이야기였다. 미팅 중에 그 책의 내용이 문득 떠올라서 사장님께 여쭤보기도 했는데, 요즘의 입사시험이 블라인드 시험임에도 불구하고 대부분 서울권 대학을 나온 지원자들이 합격을 한단다.

한 대기업에서 인사 관련 업무를 보고 있는 후배의 전언에 따르면, 말로는 아무리 '스펙보다 열정'이라지만, 단기간의 입사 전형에서 그 열정을 모니터링할 수 있는 방법으로서의 스펙을 무시할 수 없단다. 물론 그 스펙이란 게 단순히 명문대의 커트라인이 높은 과와 외국 유수 대학으로의 유학을 의미하는 건 아니고, 또한 이런저런 환경적인 조건으로 그 스펙이란 걸 채울 수 없는 학생들의 현실적인 문제도 감안을 해야 하는 일이겠지만, 되레 그 기준이 불분명하면 더 오해의 소지가 있을 수 있는 게 아니겠냐고….

스펙과 관련해, 앞서 언급했던 현대자동차에 근무하는 친구의 일대기를 대강 들려주자면…. 녀석은 용인에 위치한 명지대의 이공계를 나왔다. 아시다시피 수도권에서도 그다지 높은 레벨의 대

우리 시대의 역설

학은 아니다. 그런데 2000년대 초반 강남과 분당에 벤처 열풍이 들끓었을 때, 명지대학교에서 교내 벤처 동아리를 적극적으로 지원했다. 그때 학교 동아리 구성원들끼리 뭉쳐 사회로 나아가 설립한 벤처회사들도 있었다. 뒷페이지에서 따로 소개하겠지만, 명지대에 다녔던 또 다른 친구 녀석이 그 일원이었던 터라 내가 이 일화를 알고 있는 것이기도 하다.

현대자동차의 그 친구는 명지대 재학 시절에 홈페이지를 제작해 주는 벤처를 운영하고 있었다. 지금이야 1인 미디어 역량으로도 충분히 제작이 가능한 일이지만, 당시에는 이게 조금 장사가 된 모양이다. 졸업이 다가올 즈음에는 이미 변해 있던 시대상, 녀석은 도메인을 팔고서 1년 동안 미국 네바다로 어학연수를 다녀온다. 그리고 전주에 있는 KCC에 근무하다가, 또 운이 잘 맞아서 독일 주재원으로 파견되기도 했다. 주재원으로 근무하다 오면 몇 년 동안은 이직을 할 수 없는 그런 계약 조항이 있는가 보다. 그 시간을 다 채우고 같은 현대 계열사로 1호봉이 깎이면서 이직을 한 것.

책에 자기 이야기 좀 미화해서 많이 써달라고 성화인 친구인데, 이 정도면 굳이 미화가 필요 없는, 나름대로 치열하게 산 인생 아닌가? 학창 시절부터 성실까지는 아니더라도, 부단히도 뭔가를 하고 있는 녀석이긴 했다. 그때 이미 부모님의 서점에서 쓰는 승합차를 몰고 다니면서 친구들 운전을 가르쳐 주기도, 오토바이 사고를 내고 담탱이한테 엄청 줘터지기도, 남의 오토바이에서

<공항 가는 길>, 33.4x53cm, oil on canvas, 2016.

부품을 떼어 내려 했다가 미수에 그치고 애먼 친구들까지 경찰서에서 반성문을 쓰게 했던 놈이었는데, 또 원래 그런 친구들이 일찍 철들기도 하지 않던가.

녀석은 대학시절 내내 아르바이트도 많이 했다. 녀석을 보면서 내 인생도 많이 반성했다. 너무 이카루스의 높이만을 욕망하고 있었던 것은 아닐까? 어린 시절에는 실상 태양 가까이 다가갈 수 있는 역량을 구비하고 있는가에 대한 의심을 한 적도 없었다. 나는 내가 유별난 인재인 줄 알았다. 보편의 잣대도 만족시키지 못하면서, 언제고 그 유별을 알아봐 줄 안목들이 나타나기만을 기다렸던 것 같다. 돌아보니 그 '유별'을 증명한 적도 많지는 않았고, 남들보다 못한 스스로에 대한 자괴감으로 주저앉았던 순간들은 엄청 많았고….

사장님　메타지식이 많다고 생각되는 분들을 보면 이런저런 곡절의 경험들이 많은 거예요. 비즈니스에서 메타지식 많은 분들은 남한테 배신도 당해 보고, 상처도 입어 보고, 그런 경험들이 쌓여서 어떤 일을 할 적에는 어느 정도의 버퍼를 마련하는 거죠. 약속하면 안 되는 것들이 있고, 말하면 안 되는 것들이 있고, 또 클라이언트의 기대를 관리해야 하기도 하고, 혹여 피치 못하게 약속을 어기게 되면 미리 어떤 일을 해야 되고 하는 문제들은 직접 경험해 보지 않으면 모르는 거예요. 문제의 징후를 미리 발견해서 조치해야 하는 것도 메타지식이죠.

회사에서도 프로젝트를 많이 해본 사람들은 메타지식이 있어요. 내가 이 프로젝트를 하려면 몇 사람이 필요하고, 어떻게 설득을 해서 예산을 따오고…. 메타지식이란 말하자면 일을 디자인하는 능력인 거죠. 일의 총체성하고도 관련 있는 문제예요. 어떤 분야에 대해서 일을 총체적으로 매니지할 수 있느냐는 거죠. 오히려 그런 프로젝트 단위의 일을 할 수 있는 능력이 중요하고, 프로듀스 성격의 일을 많이 경험해 봐야 한다고 봐요. 직접 해보지 않으면 절대 모르는 거죠. 여행 계획을 수립하고 실행할 능력이 없으면, 패키지 여행밖에 못 가는 거잖아요. 그런데 배낭여행을 하는 친구들 보면, 그냥 자기가 알아서 세팅을 해버리잖아요. 어떤 경우엔 일단 비행기표만 끊고 가서, 현지에서 어떻게든 경비 문제를 해결하기도 하잖아요. 그런 사람들은 메타지식이 있는 거죠.

그런 메타지식이 굉장히 중요한 시대가 된 것 같아요. 왜냐하면 지금의 시대엔 앞으로 무엇이 잘될 것인가를 쉽게 예상할 수가 없어요. 독서를 통해서든지, 아니면 전혀 다른 영역의 사람들과의 커뮤니케이션을 통해서라든지, 자신이 익숙하지 않은 영역의 자료도 수집하고 에디팅해서 그것을 시장에 내놓을 수 있을 그런 지식, '지식의 지식'이 필요한 거죠. 저도 그게 부족하다고 생각하는데, 젊은 친구들은 잘 하거든요. 저희 회사의 가전 쪽에서 일하는 친구들 보면 방 판의 귀재들이 있어요. 뭐든지 팔아요. 정수기 팔다가, 안 마의자 주면 또 그것도 팔고…. 그러니까 사람을 만나면 어 떻게 팔아야 된다는 것에 대해서 그 메타지식이 있는 거예 요. 물건의 종류는 별로 중요하지 않아요. 뭔가가 있으면 파는 능력이 있는 거예요.

지식의 인프라

한문학과 중국어의 전공 기반 위에 서양철학을 공부하는 입장이 지만, 생각해 보면 내겐 전공 하나가 더 있다. 사범대 출신으로서 임용고사 준비하느냐고 달달 외워야 했던 교육학. 이는 교육과 관 련한 정치경제, 경영, 법, 심리, 철학, 역사 등의 인문 전반을 다루 는 영역이다. 그러니까 폭넓을지언정 그렇게 심도 있는 내용은 아 니다. 그런데 심리학 같은 경우는 서점가에서 통용되는 지식들을 거의 다 배운다. 그에 비해 심화된 컨텐츠를 더 공부해야 하는 영 역이 정신분석이다. 내가 정신분석 이외의 다른 심리학 이론을 잘 언급하지 않는 이유는, 한문학과 중문학 지식을 자주 활용하지 않는 이유와 비슷하다. 전공으로 배운 것들이라 내겐 그다지 매력적인 지식은 아닌….

어찌 됐건 폭넓은 인문적 지식을 외운다는 건 의미 있는 일이다. 문제는 교직에 나오면 이 지식들을 활용할 만한 장면들이 거의 없다는 사실. 또한 현장에 그대로 적용하기에는 제대로 들어맞지 않는 심리학 이론도 적지 않기에, 섣불리 믿고 따랐다간 사회초년생으로서의 서투름만 증명하고 만다. 그 이론을 정립한 심리학자들은 도대체 어떤 표집을 실험군으로 삼았는지가 궁금해지는 대목이기도 하다. 실상 이 문제에 관한 심리 이론도 있는 실정이다. 자신들이 정립한 이론에 대한 신념은, 그 이론을 정당화할 수 있는 표집들만을 고려한다는….

사장님과의 대화 중에 언급된 《우리는 왜 일하는가》라는 책에서도 그와 관련한 이야기를 하고 있다. 사회학 이론이란 것이 정말 그 사회를 제대로 분석해 놓은 결과일까? 아니면 사회가 그 이론에 맞추도록 종용하는 권력적 지식인가의 문제에 대해 저자는 중립의 입장이다. 그런 '발견'도 중요하고, 그렇다고 그것을 맹신할 필요도 없지만, 보다 나은 삶의 방식을 '발명'할 수 있다면 또 적극 활용할 필요가 있지 않겠냐고….

그런데 이 책은 앞서 언급한 교육학 이론에서 한 발자국도 벗어나지 않는 수준에서 이야기를 하고 있다. 대중의 수준을 고려한 것이라는 해명이 뒤따를 수도 있겠지만, 에필로그에 이 문제를 40년 동안 고민했다는 저자의 말은 다소 이해가 되지 않는다. 물론 그 지식을 십분 활용할 수 있는 '발명'이 저자로서의 역량이기도 하겠지만, 우리나라 임용고시 준비생들은 1년이면 달달 외우는 지식을 늘어놓고 있는 것뿐인데, 뭘 40년씩이나….

그런데 그런 앎과 삶의 부조화를 겪는 현상이 어디 교직만의 문제이겠는가?《우리는 왜 일하는가》는 어떤 직업이 획득할 수 있는 급여보다, 그 직업이 지니는 가치와 그 가치에 연결되는 소명에 대해 고민하자는 주제이다. 막연하게나마 이 고민을 하지 않는 이들이 어디 있겠냐만, 실상 우리의 교육 인프라 내에서는 일단 취업을 한 다음에야 뒤늦게 직업에 대한 진지한 고민이 이루어지는 현실이다.

고등학교 시절 담임과의 면담에서 직업에 대한 진지한 고민이 오간 기억이 있기나 한가? 진로상담이란 대개 입학 가능한 대학에 관한 상담을 의미하지 않던가. 자신의 적성과의 상관을 따져 전공을 정할 수 있는 학생이 얼마나 되겠는가? 그 적성이란 것도 대부분 전도유망하거나 취업이 잘되는 전공으로의 지향성을 의미한다. 실업계에서도 성적 좋은 친구들이 대기업의 3교대 근무로 많이 뽑혀 가는 것이 학교의 위상일 판이다. 어떻게든 취업이 될 가능성만을 고민하는 사회에서 일 자체에 대한 철저한 고민이 있을 수 있겠냐 말이다.

미국과 유럽 그리고 일본까지만 해도, 진로탐색에 대한 기회가 우리보다는 많이 주어진다. 야구도 해봤다가 더 좋아하는 농구로 옮겨와 신화를 써내린 마이클 조던 이야기는, 이미 30년 전의 미국이 갖춘 공교육의 실상이다. 그 미국의 풍토에서도 '우리는 왜 일하는가?'를 묻고 있는 질문이, 우리에게 얼마나 와 닿을 수 있을까? 그래서 대형 출판사의 브랜드와 자본력으로도 이 책이 별 재미를 보지 못했던 것은 아닐까? 어쩌면 우리 사회는 일에서 의미를 찾는 문제는 진즉에 포기했고, 그 대안을 일이 아닌 것들에서 찾으려 하고 있는 것은 아닐까? 그 증상으로서의 '소확행'인지도 모르겠고….

그런데 내 경우에도 현장에서는 그다지 써먹을 일이 없었던 그 교육학 지식들이 이 바닥으로 건너와 다른 지식을 이해하는 데 많은 도움이 됐다. 그러니까 그 지식들의 실질적인 활용도는, 현장에서의 적용보다, 이론 그 자체를 이해하는 텍스트에 관한 트레이닝이었다는 개인적인 소견. 그러나 내게 '꼴에 작가'의 역량이나마 가능하게 한 기반이 교육학이기도 했다. 아무리 성격이 다른 지식이라 해도 지식의 역사가 단절로 잇대어진 것은 아니기에, 연대의 맥락이란 게 있다. 그 기저에 흐르는 맥락은 되레 상위체계이기도 하다.

사장님 여러 가지 일을 접해 보고 나서 욕망이 생기면 그 일을
         더 하고, 또 욕망이 바뀌면 옮겨야 하는데, 문제는 그렇게

<공항 가는 길>, 45.5x53cm, oil on canvas, 2016.

자주 바꾸다 보면 전문적으로 일을 할 수 있느냐는 것이죠. 시장하고 경쟁해야 하기 위해선 일정한 전문성이 필요한 거잖아요. 그걸 어떻게 갖출 것인가 하는 거죠. 새로운 일에 관한 지식에 어떤 식으로 접근해야 하는가, 그것을 배우는 방법의 방법이 굉장히 중요하다고 봐요. 이를테면 자바로 코딩을 할 줄 모르는데, 자바 코딩을 맨땅에서 배울 수 있냐 말이죠. 무슨 일을 시작할 때 일정 기간 동안에 관련 지식을 마스터할 수 있는, 메타지식을 갖추어야 한다는 거죠.

사람들이 메타지식이 없어서 적응을 못 하는 거예요. 이 회사에서 나가서도 하던 일 말고는 아무것도 할 수 없는 거죠. 메타지식을 가지고 있지 않으면 회사 내에서도 단순한 업무를 하게 될 가능성이 높죠. 회사 입장에서도 이 사람을 다른 용도로 전환을 못 한다는 거잖아요. 회사는 환경이 계속 바뀌고 전환을 해야 하는데, 메타지식이 있는 사람들은 상황이 바뀌면 거기에 맞춰서 하면 되는 거잖아요. 일은 성실하게 잘하더라도 다른 용도로 전환되지 않는 능력들은 혹여 조직의 규모를 줄이기라도 하면 별 구제의 방법이 없는 거죠.

일이라는 게 계획대로 가는 게 아니라 중간중간에 이런저런 돌발변수들도 많잖아요. 그런 총체성을 관리하고 운영

우리 시대의 역설

해 본 사람만이 갖출 수 있는 경험치가 있어요. 자기가 목표를 정할 적에는 중간중간 리소스를 동원하고, 역경에 직면했을 때에는 타인의 도움을 받고, 빠져나오고, 견뎌 내고, 스트레스를 이겨 내고, 때론 정 안 되면 행로를 바꾸고 혹은 목표를 낮추기도 하는 그런 능력이 중요하다는 거죠. 그러려면 그건 경험해 보지 않고는 안 돼요. 그러니까 작은 일이라도 프로듀싱을 해봐야 돼요.

한국 교육의 문제점이라면 그런 거죠. 미국의 교육은 뭔가 팀 단위로 프로젝트를 계속하잖아요. 계속하면서 안 되도 보고, 이렇게 하면 안 되는 거구나 느껴도 보고, 어쨌든 그런 일을 계속해 보면서 난관을 극복해 보는 경험을 쌓는 거죠. 그에 비해 우리는 정답을 맞추는 식으로 하고 있죠. 시간 내에 풀 수 없는 문제는 내지도 않아요. 정해진 시간 동안 풀 수 있는 문제들로 디자인을 해준다고요. 실상 인생에는 그런 성격의 문제가 없잖아요. 그런 지식은 문제 해결력으로 이어지지도 않죠. 그런 지식은 이젠 네이버에 검색하면 몇 초 내에 찾을 수 있는 거잖아요. 보다 관건은 어떻게 하면 메타지식을 갖게 할 건가에 관한 문제예요. 지식의 지식, 그것이 중요하다고 봐요. 일에 있어서도 그런 문제 해결 능력이 구비되어 있으면 훨씬 더 유연하죠.

선진국 모델의 공교육은 폭넓은 클럽 시스템으로나마 학생들에게 선택과 오류의 기회를 많이 제공해 준다. 이걸 해봤다가 아니다 싶으면 저걸 할 수 있는 클럽활동을 공부와 병행하는 것이다. 고시엔(甲子園, 갑자원)의 2000팀이 그렇게 해서 올라오는 것이지, 애초에 우리나라의 고교 야구부와 비교할 대상이 아니다. 교육의 인프라는 곧 사회의 인프라로 이어지기 마련이다. 우리 사회는 돌잡이의 그 순간부터 선택지가 그다지 많지 않다. 진로탐색을 위한 이런저런 경험도 개인이 비용을 지불해야 하는 경우가 있다. 그 비용을 지불할 능력치가 높을수록 더 다양한 체험이 가능하기도 하고, 게다가 그들이 좋은 대학에 들어갈 확률도 높은 현실. 선택의 경험이 다양한 나라에서도 경쟁이 치열할 판에, 우리는 그다지 스펙트럼도 넓지 않은 트랙에서, 그다지 공평하다고만도 할 수 없는 상황으로 병목현상을 겪고 있는 것이다. 따라서 직업에 관한 고민도 저들과 우리의 입체감이 같을 수는 없다.

선택의 기회가 한정되어 있다 보니, 선택이란 행위 자체도 큰 의미가 없을 때가 있다. 우리나라 교육 현실에서 제2외국어를 무엇으로 선택하는 게 큰 의미가 있기나 하던가. 스스로 고민하기보다는 어떤 해답이나 모범답안이 주어지길 바라는 풍토 역시, 그런 고민의 경험이 충분히 주어지지 않았기 때문인지도 모른다. 그런 닫힌 체계에 익숙하다 보니 그 경계 밖은 그저 불안의 영역일 뿐이다. 어릴 때나, 어른일 때나….

거인의 어깨 위로

사장님 메타지식은 서브지식을 배우는 과정에서 생기는 결과물이
거든요. 제 경우를 예로 들어 보자면, 《장자》를 공부하고,
《논어》를 공부하고, 경영학과 경제학을 공부하고, 심리학
도 공부하고, 또 회사에서 이런저런 프로젝트를 하면서 쌓
여 가는 경험 위에 형성되는 거죠. 그러니까 메타지식을 배
우는 지식이 따로 있는 게 아니라는 거예요. 경험과 지식이
융합되는 과정에서 남은 무의식 같은 거죠. 물론 툴킷이라
든지, 맥킨지의 파이브 스텝이라든지, 뭐 이런 것들이 도움
은 되기야 하겠지만, 근본적으로는 그렇게 체득할 수 있는
성격은 아니죠.

그런 지식을 어떻게 쌓을 것인가? 직접 체험하는 것이 중
요할 테고, 어찌 됐건 책은 간접 체험이잖아요. 정말로 건
축을 이해하고자 한다면 직접 건물을 지어 봐야 하잖아
요. 그런데 그럴 수는 없고, 그러니까 그건 책의 도움을 받
는 거죠. 책으로 일정 수준까지는 도달하지만 그 나머지는
자기가 직접 겪어 봐야 하는 거예요. 맨땅에 헤딩을 해가면
서 다 배우기에는 진화 과정을 처음부터 반복하겠다는 거
잖아요. 그럴 필요까지는 없죠. 계통의 과정을 긁어 와 그
끝에서 진화를 해야지, 그래서 거인의 어깨 위에 올라타라

고 하잖아요? 스스로가 처음부터 직접 다 체험하기에는 우리의 인생이 너무 짧죠.

저는 개론이나 역사가 굉장히 중요하다고 생각하거든요. 건축을 알려면 건축사를 알아야 해요. 건축사를 모르고 이것이 로마네스크인지 저것이 아르데코인지 아르누보인지도 구분 못 하면서 건축에 대해 말하려 드는 건 예의가 아니죠. 건축을 배우려고 하면 적어도 내 머릿속에 한 30~40명의 건축의 대가들은 포지셔닝을 할 수 있어야 한다고 봐요.

소설가를 꿈꾸는 이들의 글쓰기 모임에 《차라투스트라는 이렇게 말했다》의 팟캐스트를 녹음하러 갔다가 겪은 일. 결코 읽기 쉬운 텍스트도 아니고, 물론 농담으로 한 이야기이겠지만, '그런 책은 안 읽어도 된다'는 농담을 굳이 자신들이 초대한 작가 앞에서 하는 건 도대체 무슨 경우일까? 내가 니체의 복음을 전파하러 간 것도 아니고, 니체에 대해 부탁을 해왔기에 기껏 참석했더니만⋯. 철학을 읽든 말든 그걸 내가 신경 쓸 일도 아니고, 그도 선택의 문제이지만, 밀란 쿤데라의 《참을 수 없는 존재의 가벼움》에 관한 주제로 대화를 나누면서 니체의 철학 한 줄이 언급되지 않는 이 모임도 뭔가 이상하지 않나? 소설 속에 니체의 '영원회귀' 개념이 버젓이 등장하는데, 그것에 대해 질문을 던지지 않는다는 점을 곱씹어 본다면, 이 모임이 과연 크리에이터로서의 미래를 위한 성격일까? 그냥 당장에 책 한 권이 내고 싶은 이들의 모임일까?

밀란 쿤데라와 같은 소설가가 되겠다면, 그의 소설만을 읽을 게 아니라, 그가 무엇을 읽었는지를 살피고 그가 어떻게 살았는지를 살펴야 하는 것이 예비 문인으로서의 자세가 아닐까? 그렇다면 현대문학사에 대한 최소한의 지식은 갖추어야 하는 게 아닐까? 어찌 보면 너무도 당연한 대답인데, 당연한 질문조차 던지지 않는 경우들이 의외로 많다. 로맹가리의 소설에 대해서만 이야기를 하는 것과, 프랑스 문학사와 그 즈음의 시대정신과 함께 로맹가리의 삶을 논하는 것의 차이. 그런데 로맹가리에 대한 프로페셔널한 정리가 가능한 경우는 후자이다. 로맹가리의 소설과도 같은 글을 욕망하면서도, 로맹가리의 소설에 관한 인문학적 정리가 어려운 지평이라면, 지금 쓰고 있는 글에도 한번 질문을 던져 봐야 하는 일이 아닐까? 딴에는 로맹가리 소설처럼 쓴다고 믿고 있을지 모르지만, 실상 어떻게 쓰여지고 있는 것인지는 알 수 없는 일이다.

메타적 지식을 습득한다는 건 다소 재미없고 귀찮은 일이다. 또한 트레이닝의 시간도 오래 걸린다. 이런저런 문체와 장르를 두루 읽어 보면서 또 자주 활용해 보면서 체화되는 것이고, 딱히 정해진 방법론이 있는 것도 아니어서 스스로 터득해야 할 문제이다. 그런데 어떻게 하고 싶은 것만 하면서, 하고 싶은 걸 할 수 있는 기회가 다가올 거라고 생각하는가. 당신이 출판사 대표라면 어떤 글을 더

<플렛폼>, 72.7x45cm, oil on canvas, 2015.

우리 시대의 역설

눈여겨보겠냐 말이다. 생각해 보면 참 간단한 결론 아닌가? 다 떠나서 그 재미없고 귀찮은 과정을 기피하는 태도가 좋은 작가로서의 조건은 아닐 터….

레고형 인재

사장님   젊은 친구들은 대기업 들어오는 경우에도, 맡은 업무가 자신의 커리어에 어떤 의미가 있는지를 항상 고민해요. 이 직장을 평생 다닐 수 없다는 인식이 있다 보니, 커리어를 관리하려고 하는 거죠. 더 다니고 싶어도 다닐 수 없을 가능성이 높고, 스스로가 욕망하지 않는 경우도 있단 말이죠. 그래서 약간 보편성을 지니는 업무들이 인기가 있어요. 예를 들면 홍보, 인사, 재무 이런 일은 어느 기업이나 하는 거잖아요. 그래서 오히려 그런 쪽의 일을 배우려는 경우가 꽤 많아요.

옛날에는 직원들이 우리 회사에 도움이 되는 일로 전문화되길 원했었어요. 어느 친구가 바깥을 내다보고 직장을 옮기고 하는 것에 대해 굉장히 질색을 했고, 회사로의 몰입을 굉장히 중요하게 생각했어요. 그걸 경제학에서는 특이자산이라고 하는데, 기업은 구성원들이 특이자산이 되길 원했던 거죠. 그러니까 이 조직에서는 연봉이 1억인 직원인데, 회사 밖을 나가는 순간 1600만원의 가치로 떨어지는 거예요. 일반자산은 이 회사에서 1억이면 바깥에서는 8000정도는 하는 거예요. 그런 문제가 IMF 때 큰 충격으로 다가온 거죠. 직원들을 특이자산으로 만들어 놓고서 이제 회사를 나가라고 하니까, 회사 내에 있을 때의 몸값과 밖에서의 몸값 차이가 너무 나는 거예요. 얼마 전에 그런 기사도 났잖아요. 나이 50을 넘긴 사람들은 밖에 나오면 다 연봉 1600이 된다고….

회사가 직원들을 특이자산으로 만들기 위해서 어떻게 했냐 하면, 저녁 시간에도 끌고 다닌 거예요. 다른 공부는 못하게…. 야근 시키고, 야근을 하지 않아도 상사가 야근하면 대기해야 하고, 그리고 한잔하자고 끌고 가서 으쌰으쌰 하다가 늦게 집에 들여보내면 파김치가 되어 드러눕고, 다음날 비실대고 나오면 또 일을 시키고, 또 주말에도 가끔씩 일하고…. 자산 가치를 높이기 위한 아무런 일도 할 수 없고, 회사의 인간이 되도록 만들었다는 거죠.

그래도 예전에는 회사는 성장을 했고, 그렇게 시달려도 평생직장의 개념이라도 있었던 거잖아요. 지금은 회사 자체도 그렇게 성장하지 못할뿐더러, 워낙 변화가 빠른 시절이다 보니 회사가 계속 새로운 재능을 수혈해야 해요. 가면

우리 시대의 역설

갈수록 더 하겠죠. 기존의 인력만 가지고는 안 되는 거예요. 그러니 회사도 유연해져야 하고, 구성원도 유연해져야죠. 그런 의미에서 52시간 근무제는 큰 의미가 있다 봐요. 6시에 퇴근하면 회사하고는 헤어져야 해요. 자기는 자기 인생 살고, 회사는 회사 인생 살고….

그리고 직원들이 특이자산이 되지 않도록 회사가 관리를 해줘야 해요. 직원들에게 회사를 나가서의 사회가 절벽이 되지 않도록 말이죠. 여기서 5000을 받았다면 나가서 4000 정도는 될 수도 있고, 운 좋게 여기에서의 커리어를 살릴 수 있다면 6000을 받을 수도 있고, 4000을 받더라도 1년 안에는 다시 취업이 될 수 있도록….

일을 계속하려면 그 사람을 받아 주는 세상이 있어야 하잖아요? 옛날에는 중도 채용을 잘 안 했어요. 왜냐하면 그놈은 배신자이기 때문에, 한 번 배신한 놈은 또 배신할 수 있다는 인식이 있었던 거죠. 때문에 그 회사를 왜 그만두었는지를 계속 되물었던 거예요. 그런데 지금은 잘 안 물어봐요. 요번에 저희도 사원을 뽑았지만, 그중엔 저쪽에 휴가를 내고서 여기에 면접을 보러 온 친구도 있고 그래요. 그 친구에게는 충분히 그 회사를 그만둘 이유가 있고, 우리 회사 입장에서는 그 재능이 필요하고, 그렇게 이해가 맞아 떨어지면 그만인 거죠. 또 이건 뭘 의미하는가 하면, 우리 회사 직원들도 어딘가에서 지금 면접을 보고 있다는 이야기거든요. 우리 회사의 한 직원이 계속 팀장으로 승진이 안 되는 상황에 있었는데, 작년에 다른 회사의 팀장으로 갔어요. 아까운 친구이고, 회사 입장에서는 미안하기도 했죠. 조금만 기다려도 되는데…. 하지만 그쪽 회사에서 스카웃하겠다는 제의가 들어왔고, 또 그 친구가 가고 싶어 해서 결국 이직을 하긴 했는데, 그 친구는 지금도 우리랑 계속 일을 해요. 그 친구가 여기 사람들과도 잘 아는 사이니까 함께 할 수 있는 일은 또 같이 하는 거예요.

지금은 회사도 레고형이 되어야 하고, 사람도 레고처럼 되어야 해요. 여기를 떠나도, 저기 가서 딱 붙고 하는…. 제가 직원들에게 늘상 이야기하는 것도, 스스로 그렇게 되어야 한다는 거예요. 개개인이 하나의 브랜드이고, 그건 스스로 매니지해야 하는 일이고, 그런 면에서 회사를 잘 활용하라는 거죠. 그게 딴짓 하라는 의미가 아니라, 회사에 있는 동안에는 일에 관한 이런저런 메타지식을 쌓고, 퇴근 시간 이후에는 또 뭘 하든 간에 또 자신의 몸값을 올릴 수 있는 방안을 고민하라는 이야기죠.

회사 내에서 자신의 가치를 높이는 일도 결국엔 일을 통해서 가능한 거예요. 우리 회사도 중도채용을 가끔 하는데, 채용되는 친구의 프로파일에는 이전 직장에서의 근무평도

<플렛폼>, 40.9x53cm, oil on canvas, 2017.

붙어 와요. 여기서 불성실하게 지내면, 다른 회사의 지원서에 이 회사에 있었다는 사실을 적는 순간, 그 회사가 전부 모니터링을 해요. 모든 이전 회사가 다 인터뷰를 해줘요. 학교로 치면 생활기록부가 따라오는 거예요. 어떤 사유가 될 수 있으니, 지금 있는 곳에서 맡은 직분을 성실히 임하는 것부터가 브랜드 관리의 시작이죠.

일반 회사를 다녀 본 경험은 없는 터라, 이 부분은 사장님께서 하신 말씀만을 요약해서 편집했다. 결국엔 일을 대하는 태도까지 자신이 지닌 경쟁력이며 컨텐츠라는 이야기. 사장님께서 '레고형 인간'을 언급하셔서 이 원고의 키워드로 삼으면 좋겠다는 생각을 하고 있었는데, 검색을 해보니 이미 꽤나 많이 활용되고 있는 개념인 걸 내가 모르고 있었던 경우다. 그나저나 이 상품은 왜 이렇게 시대와 세대를 초월한 인기를 구가하고 있는 것일까? 따지고 보면 결합과 분리가 용이한 플라스틱 조각일 뿐인데 말이다. 작은 조각들이 지니고 있는 잠재성과 확장성, 그것을 실현해 보는 '놀이'가 그토록 재미있는 것일까? 또 제 버릇대로 철학으로 들먹이자면 니체-들뢰즈의 '생성'과 '잠재'를 만족시키는 사물인지도 모르겠다.

메타지식이란 개념도 이렇듯 결합과 분리가 용이한 지식의 성질을 의미하는 것일 게다. 영역과 형태의 틀에 갇히고 굳어진 지식이 아닌…. 따라서 지식의 파편들을 그러모으는 것만큼이나, 그것

우리 시대의 역설

들을 조합할 수 있는 지평도 중요하다. 때문에 그러모으는 것만으로 될 일이 아니다. 그러모은 것들을 현안에 적용해 보면서, 자르고 갈고 쪼고 다듬는 절차탁마의 과정을 거쳐야 한다. 그러면서 능숙해지는 것이기도 하고, 그러면서 다시 다듬어지는 것이기도 하고…. 하여 잠재성이란 것도 이미 무언가를 열심히 하고 있는 이들에게서나 가능한 잠재력이라는….

어떻게 원하는 일을 찾을 것인가

대표님 출판사가 그런 점에서는 재미있는 것 같아요. A라는 제품
을 생산하는 데 아주 큰 비용이 들지 않고, 실패하면 또 B
라는 제품을 생산해 보고…. A와 B는 항상 다른 거잖아요?
또 C를 할 수 있고…. 그런데 사실 이렇게 나만의 제품을
계속 만들 수 있는 사업은 많지 않거든요. 책은 항상 고유
한 그 한 권으로 평가를 받잖아요? 그런 책들을 여러 권 만
들 수 있고, 계속 만들 수 있다는 것. 물론 내 마음에는 들
었어도 상업적으로는 실패하는 책들도 많이 있지만, 언젠
가 날 도와줄 책이 나올 것이고…. 그렇게 컨텐츠를 다양화
할 수 있다는 측면에서 출판사는 메리트가 있는 것 같아요.
작가님도 비슷한 이야기를 들으실 때가 있겠지만, 오랜만
에 만나는 지인들이 제가 뭐 하고 사는지를 물어왔을 때,

'나 1인 출판사 운영하면서 책 내고 살아'라고 대답을 하면, '넌 좋겠다. 좋아하는 일을 하고 살아서'라는 이야기가 이어져요. 돈벌이가 쉽지 않은 업계에 있으면, 얘가 굳이 거기서 일을 하는 건, 그 일을 그냥 좋아하는 거겠지 하는 인식이 있는 것 같더라구요. 그리고 대기업에 다니거나 공무원의 직책을 지닌 사람들에겐 그 일을 좋아하는지의 여부를 묻기보다는, 앞으로도 걱정 없이 살 수 있겠구나 하는, 뭐 인식이 그렇게 나뉘는 것 같아요. 그리고 그 인식의 차이에서부터 20대 취준생들의 고민이 시작되는 거겠죠. 내가 좋아하는 일은 이것인데, 돈과는 상관이 적은 일이라면, 과연 내가 이것을 직업으로 삼을 수 있는가의 문제에 대해서….

대표님이 말했듯, 나도 측근들에게서 자주 듣는 말이다. 너는 그래도 하고 싶은 걸 하며 살지 않느냐고…. 하고 싶은 걸 하기 위해 내게서 포기되어지는 것들에 관해서는, 아무리 말해 줘도 이해의 의지가 없는 듯하다. 만날 때마다, 나는 저번에 했던 이야기를 반복하고, 그들은 오늘도 자기들 하고 싶은 말만 한다. 거기서 그치면 좋겠는데, 책을 쓰면서 왜 이런 방식으로는 하지 않느냐는, 시장의 상황과 나의 문체에는 딱히 관심이 없는 이들의 개인적인 낭만을 늘어놓기도 한다.

예전에는 그런 답답한 질문들에 지쳐서 대답하기를 포기했었는데, 요즘 들어서는 조금씩 그들을 이해하기 시작했다. 자신들이 지닌 크리에이터적 욕망을 나를 통해 해소하고 싶은가 보다. 저들도 언제고 사진작가가 되고 싶었던 청춘이었고, 영화감독이 되고 싶었던 청춘이었고, 문학과 철학에 대해 이야기하던 청춘이었을 테니…. 또 그렇게 생각을 하니 더 이상 그 질문들이 불편하지도 않다. 그래도 내가 작가라도 하고 있으니, 소주 한잔 기울이는 자리에서 그런 말을 할 기회라도 있는 것이 아니겠는가? 그래서 하고 싶은 이야기 다 하게 내버려 둔다. 그러다 보면 나도 페이지를 채울 몇 꼭지를 건지기도 하는 윈-윈 전략.

사장님   사람이 직접 겪어 보지 않으면 잘 모르잖아요. 그냥 밖에서만 보니까 그 일이 얼마나 복잡한지, 그 일을 하는 사람들이 생계를 어떻게 유지하는지에 대해서는 알지 못하는 거죠. 자신들은 매일같이 상사한테 시달리고, 쉬고 싶을 때 못 쉬고, 내 시간을 컨트롤할 수 없는데, 글 쓰고 책 만들고 하면, 자기 쓰고 싶을 때 쓰고, 책 내면 족족 팔리고, 뭐 이렇게 생각하는 거죠.
월급쟁이들의 삶은 자기도 겪어 봤거나, 가까운 데서 관찰할 수가 있는 경우잖아요. 그런데 자영업하시는 분들에게, 하고 싶은 일을 하고 있어서 좋겠다는, 이런 얘기를 하

<기차역>, 72.7x90.9cm, oil on canvas, 2013.

지 않잖아요. 그러니까 잘 몰라서 그러는 것 같아요. 드라마에서 보는 작가들은 항상 행복한 분이잖아요. 글 쓰고 여행 다니고, 이러면서 사는 줄 아는 거죠. 작가 중에서 뉴스가 되는 분들은 다 생계가 해결된 분들이니까. 마치 어린애들이 프로야구가 연봉 얼마 받는 걸 보고서 야구선수 되겠다는 경우와 비슷한 거죠.

드라마에 등장하는 작가들은 심지어 사랑도 잘한다. 한창 홍콩 스타 TV가 전파를 타던 시기에는, 북경어로 더빙된 일본드라마가 많이 방영되었었다. 당시 유행했던 장르는, 우리나라에 건너와 '트렌디'라고 불리우던, 도시를 살아가는 젊은 남녀의 사랑을 다루는 이야기. 주인공의 직업은 대개 작곡가, 작가, 화가, 큐레이터 등이다. 그들이 펼쳐 놓은 낭만으로 인해, 특히나 저 다케노우치 유타카의 리즈 시절에 속아, 나도 작가의 삶은 그런 것인 줄 알았다. 항상 여행 다니면서 낭만적인 삶의 풍경을 적어 내려가며 사랑하는….

카뮈의 시선으로 내려다보는 지중해는 아니더라도, 통영 앞바다는 보고 살 줄 알았는데, 가끔씩 도림천을 내려다보는 게 고작인 삶. 글은 궁둥이로 쓰는 거라는 황석영 작가의 소회를 위로 삼아, 오늘도 도시의 한구석에서 궁둥이에 땀띠가 나도록 앉아 있기는 하다만….

우리 시대의 역설

대표님 　제가 예전에 '어떻게 원하는 일을 찾을 것인가?' 하는 주제의 기획을 고민해 본 적이 있어요. 이 비슷한 주제의 책들을 살펴보면, 대부분 적성과 직업의 상관도를 애니어그램이니 하는 것으로 수치화시켜 놓은 규준부터 제시를 해요. 너는 이런 사람이니까 이런 쪽이 어울릴 것이라는, 이런 것밖에는 얘기해 주지 않거든요. 어떻게 원하는 일을 찾아서 할 것인가에 대한 구체적이고도 현실적인 조언이 있다면, 보다 쉽지 않았을까 하는 생각이 드는 거죠.

제 경우를 예로 들어 보자면, 일에 관해서라기보다는 단순히 취업의 범주로만 고민을 했던 것 같아요. 출판사도 제가 하고 싶었던 일이라기보다는, 그냥 어떻게 흘러오다 보니까 출판계에 발을 걸게 되었고, 그 경력을 살려 1인 출판사를 하게 되었고…. 무언가 제가 의도적으로 일을 찾아서 움직였던 기억은 아니거든요. 이 문제에 대해서는 어떻게 생각하세요?

사장님 　지금도 한 회사를 10년 이상 다닐 확률이 10%밖에 안 된다는 거예요. 미국 같은 경우는 한 30년의 잡커리어를 가지면, 통상 10번 이상 직업을 바꾼다고 해요. 한국도 점점 그런 경향으로 가고 있죠. 더군다나 계속해서 미래의 직업에 대한 상황이 바뀌고 있잖아요. 자기가 선택한 직업을 평

우리 시대의 역설

<이방인>, 33.4x53cm, oil on canvas, 2016.

자유는 더 늘었지만, 열정은 더 줄어들었다

생 가져가는 형태는 안 될 확률이 높다는 거죠. 저도 회사 내에서 커리어는 10번 넘게 바꿨는데, 전혀 다른 업무들을 맡은 거예요. 한 회사에 있을 뿐이지, 회사 밖의 경우로 보자면, 회사를 옮긴 거나 마찬가지예요. 그런데 대부분이 어떤 우연한 계기들이 있었던 경우이지 그걸 의도했던 적은 거의 없어요.

인생의 선택지들이 우연에서 비롯되는 경우가 많이 있잖아요. 학원에 가다가 누굴 만나는 바람에 바뀌고, 대학을 선택하는 과정에서 그날 우연히 누굴 만나서 바뀌기도 하고, 군대에 가서 바뀌기도 하고, 사고가 나서 바뀌기도 하고, 집안이 망해서 바뀌기도 하고…. 그래서 그런 걸 바디우 같은 철학자들은 '사건'이라고 하잖아요. 그런 '사건'을 맞닥뜨리게 되면 생각이 급격하게 바뀌어요. 예상했던 대로 뭐가 되는 경우는 잘 없다고 봐요. 그리고 나는 어떤 분야에 재능이 있을 거야, 욕망이 있을 거야 하는 이야기도 위험하다고 봐요. 그건 어느 날 우연하게 마주치게 되는 성격인 것이지, 믿음과 다짐만으로 될 문제도 아니죠. 또한 그걸 의도적으로 찾겠다는 것도, 서점에 있는 책을 다 읽고 나서 무슨 책을 살지 결정하는 것과 똑같은 거죠. 우리의 인생이 어느 순간에 바뀔지 모르는 일이거든요. 그래서 일단 오히려 욕망을 열어 놓고 호기심을 잃지 않는 것이 중요

우리 시대의 역설

한 것 같아요.

철학사에서 '우연'의 담론을 대표하는 철학자는 단연 니체이다. 철학을 공부하는 사람들 사이에서는 너무도 유명한, 목회자를 꿈꾸던 니체가 철학의 길로 들어서게 된 계기 자체가 우연이었다. 헌책방에서 우연히 집어든 쇼펜하우어의 《의지와 표상으로서의 세계》를 읽고서…. 인문학사적 의미가 있을까 싶지만, 100여 년의 세월이 흘러, 내가 동네 도서관에서 우연히 니체의 잠언집을 집어 들었다가 철학 공부를 시작하게 되었다는…. 내가 글을 쓰게 된 계기도 우연적 사건이 잇대어진 결과였다. 우연적 사건이 아니고서는 도저히 설명할 길이 없는 서사, 책 읽기를 좋아하는 성향도 아니었던 내가 무슨 각성에서였는지…. 분명 내가 살아온 날들인데, 가끔씩은 내 스스로도 신기할 때가 있다.

사장님과의 인연도 순전히 우연에서 비롯되었다. 학위 논문을 블로그에 게재했던 시기에, 그 논문을 읽고서 연락을 주셨다. '우연적 사건'에 대해서는 누구보다도 대표님이 하실 이야기가 많을 게다. 대표님은 내가 쓴 인문학 관련 글들을 보고서 연락을 주신 게 아니다. 내가 한창 추억에 관한 감성을 곱씹으며 관련 기획을 준비하고 있던 시기에, 그 글에 관심을 갖고서 내 블로그를 방문하셨는데, 마침 내가 철학으로 글을 쓰는 입장이었고, 또 마침 내가 사장님과 이런저런 기획을 준비하고 있었던 것이다.

우연히 내 블로그를 방문했다가 이웃을 맺으신 분들 중에, 인문학 관련해서 포스팅을 하는 경우들을 방문해 보고, 인문학 기획을 함께하실 수 있는지의 의향을 여쭤보고 함께하게 된 것이 지금 출간 준비 중에 있는 디오니소스 프로젝트이기도 하다. 그분들 입장에서나 내 입장에서나 우연을 통해 인연이 된 경우이다. 참고로 '디오니소스'도 니체의 키워드이다.

그렇듯 우연적 사건으로 인해 열리는 미래들이 있다. 모든 인문이 표방하는 열린 사고와 열린 체계도 그 우연을 긍정하라는 이야기가 아니던가. 내가 견지하는 가치와는 다른 결의 시간을 겪게 되면서, 전혀 가능성을 점쳐 보지 않았던 나의 미래를 발견하기도 한다. 내 영혼의 텍스트 《슬램덩크》에서, 강백호에게 일련의 우연적 사태가 다가오지 않았던들, 또한 강백호가 그 낯선 가치가 이끄는 대로 걸어가 보지 않았던들, 그에게서 농구의 미래가 시작되지도 않았을 것이다. '왼손의 거들 뿐'의 대미는 더더욱 없었을 테고….

의미를 찾아서

인센티브의 심리학

중요한 경기를 앞두고서 부상을 당한 운동부 녀석이, 대학으로의 진로가 막막해지자 학교에서 사고를 치고 다니기 시작했다. 가뜩이나 똘기 충만한 학생부장은 그 녀석을 기어이 자르고 말겠다는 신념이었던지, 필요 이상으로 집착을 한 결과, 그 운동부 학생은 어느 날부터 학교에 나오지 않았다. 문제는 이 녀석이 내가 담당하던 놈이라, 그 즈음에 조폭 형님들을 만나고 다니면서 어느 나이트클럽의 기도를 보고 있다는 사실을 내가 알고 있었다는 거.

안산에 유명한 돔나이트가 있는데, 나도 녀석 때문에 처음 가보게 되었다. 그런데 맨 정신에 나이트클럽 입구를 들어서 본 적이 있어야지, 뭘 어떻게 해야 하는지를 몰라서 한참이나 입구 앞에서

서성대기만 했다. 그러다가 그 직업 특유의 외양을 갖추고 문 앞에 서 있던 이에게 다가가 녀석의 이름을 물어봤다. 맨 처음엔 따로 찾는 웨이터 이름인 줄 안다. 자신은 그런 이름을 잘 모르겠다는 대답만 듣고서, 결국 녀석을 만나지 못하고 돌아왔는데, 며칠 뒤에 다시 녀석이 등교를 하기 시작했다. 학교 코치가 인맥을 동원해 지방의 한 대학으로 입학을 추진한 결과였다. 졸업식날 쌔끈하게 뽑아 입고 온 녀석의 표정이 아직도 눈에 선하다. 그렇게 좋아할 거면서, 왜 그렇게 말썽을 부렸는지….

학교에서 이런 일은 비일비재이다. 그러나 나이트클럽까지 찾아가는 일까지는 굳이 안 해도 된다. 교칙에 따르면 그만인 일이니…. 그런데 그만일 수가 없는 게, 대부분 부모님들이 내교를 하셔서 졸업시켜 달라고 간곡히 부탁을 하신다. 그도 애가 학교에 나와야 뭔 대화를 할 거 아니겠는가. 거기서부터는 교사의 선택이다. 그런데 나도 그다지 성실하게 보낸 학창시절은 아니었던 터라, 그래서 다른 교사들보다는 녀석들을 더 이해하는 교사라는 사실을 증명하기 위해서라도, 굳이 해야 했다.

니체는 고통이 가장 효과적인 기억술이라고 말한다. 그래서일까? 말썽을 부리면서 나를 힘들게 했던 녀석들이 되레 더 많이 기억난다. 원래 그런 녀석들이 나중에 더 연락을 자주한다는, 그런 흔한 말은 내 경우와는 맞지 않는다. 한두 명 정도가 연락을 해오는 편이고, 그 외에는 전혀…. 내가 녀석들을 기억할 뿐이다. 그리고 그 기억들을 내 소설에 많이 활용하고 있다.

이 일화도 그중 하나이긴 한데, 사장님이 건네신 《우리는 왜 일하는가》를 읽다가 다시 떠올린 경우이다. 저자는 아리스토텔레스의 '텔로스' 개념을 덧붙인다. 그 일의 진짜 목적은 업무 수칙과 직무 기술 밖의 상호 작용을 통해 느끼는 보람이라는…. 나의 소임이 타인에게 미치는 영향을 염두에 둘 때 소명의식이 생겨나는 거란다. 그런데 솔직히 말하면 보람이란 것도, 지나고 나서 보니 그렇게 하길 잘 했다는 '회상'의 성질이다. 막상 할 때는 어찌나 지랄 맞던지, 내가 뭔 영화를 보겠다고 이렇게까지 해야 하는 것인지에 대한 자문으로 나이트 클럽 앞에서 서성대고 있었던 것이기도 하고….

사장님　일을 어떻게 보상해야 하는 것인가에 대한 문제는, 경영학에서도 여러 이론이 있어요. 현대의 경영학은 사실상 올라가 보면 포디즘이나 테일러즘에서 왔거든요. 포드나 테일러 같은 사람들의 경영학 관점에서 보는, 인간이 무엇이냐에 대한 다수설은 행동심리학에서 나왔어요. 인간을 기계 같은 존재로 보는 거죠. 인풋을 넣어 주고 조작을 해주면 아웃풋이 나오는…. 만약 아웃풋이 잘 안 나오면 조작을 바꾸면 된다는 거죠. 이게 요새 말하는 인센티브 시스템의 원리이기도 해요. 인센티브를 바꾸면 인간을 얼마든지 열심

<도시 사람들>, 100x50cm, oil on canvas, 2017.

우리 시대의 역설

히 일하게 만들 수 있다는 철학에 근거하고 있거든요.

학창시절에 배운 지식으로 많이들 기억하시겠지만, 파블로프를 대변하는 사례는 그 유명한 개와 종의 실험이다. 개에게 먹이를 제공할 때마다 종을 울렸더니, 나중엔 종만 울려도 개의 입에서 침이 흐른다는…. 심리학 용어로 정리하자면, 자극과 반응의 관계이다. 스키너의 사례도 아실 만한 분들은 많이 들어 봤을 그 비둘기 실험이다. 실험 대상의 비둘기가 옆에 놓인 스위치를 누르면 먹이가 제공된다는 사실을 우연히 알게 된 이후, 먹이를 먹고 싶을 때마다 그 스위치를 누른다는…. 이렇게 행동의 빈도를 높이는 경우를 '강화'라고 한다. 여기에 손다이크의 시행 착오설까지 덧붙이면, 행동주의 심리학을 대표하는 3인방이다.

심리학은 크게 행동주의와 인지이론, 정신분석학으로 나뉜다. 행동주의는 인간의 습성이 동물과 별반 차이가 없다는 전제 하에서 실험을 시행하고, 얻어 낸 데이터들의 평균치로 이론화를 하는 방식이다. 이 심리학은 주로 미국의 실용주의 논리를 대변하며, 미국이 종주국이기도 한 자기계발서들에 많이 활용이 된다. 문제는 특정 이론이 모든 이에게 통용될 수 있는 것은 아니라는 사실이다. 평균의 가치일망정 보편의 가치는 아니며, 개개인의 삶이란 차라리 그 평균으로부터 떨어진 편차 자체이다. 또한 인간의 삶이 이론으로 일반화될 수 있을 만큼 단순하지 않다는 사실을 간과한 문제점이 지적되는 영역이다. 라캉과 같은 정신분석자들은 '가짜 과학'이라고 일컬으면서 비판했던 심리학이다.

테일러는 경영학에서 과학적 관리 이론으로 유명한 인물인데, 이 이론을 기업 프로세스에 적용한 대표적인 사례가 포드 자동차이다. 그리고 포드 시스템을 상징하는 풍경이 바로 컨베이어 벨트 앞에서의 분업이다. 앞서 언급했던 일의 총체성과 관련해 생각해 봐야 할 문제이기도 하다.

사장님   행동심리학에 의거한 경영학은, 보너스를 많이 주면 더 열심히 일하고, 성과급을 많이 주면 더 열심히 일하는, 이런 가설을 갖고 있는 거예요. 그런데 이 인센티브 시스템이 잘 작동하려면, 성과를 잘 관찰할 수 있어야 해요. 열심히 하는지 그렇지 않은지를 모니터링할 수 있고, 인풋과 아웃풋 과정에서 노이즈가 없어야 하는 거죠. 하지만 상당수의 근로자들 사이에서 인풋과 아웃풋의 노이즈가 발생해요. 이를테면 단지 경기가 좋아진 요인으로 성과가 좋아지던지, 반대로 경기가 나쁘면 아무리 열심히 일을 해도 안 될 수가 있는 거죠. 또한 이 시스템이 잘 운용될 수 있는 조건도 따로 있어요. 생산 공정에서는 수치로 확인이 가능하잖아요. 몇 개를 생산했고 불량품은 몇 개인지가 확실하니까. 하지만 사무직은 관찰할 방법이 없는 거예요.

교사들에게도 성과급이 도입이 됐는지 어떤지는 모르겠으나, 하여튼 처음 도입된다는 이야기가 불거졌을 때 문제가 많았다. 도대체 교사의 성과를 어떻게 판별을 할 것인가의 기준이 애매했던 거다. 학생들을 명문대로 많이 진학시킨 담임교사들에게 성과급을 줄 것인가? 학교의 존립 목적이 명문대 진학에 있는 것도 아니거니와, 그 진학의 성과가 담임교사 혼자 이루어 낸 것이겠냐 말이다. 그렇다고 그 반에 들어가는 모든 교사에게 쪼개 주어야 하는 걸까? 아닌 게 아니라, 도입 당시에는 성과급 예산을 모든 교직원들에게 균등 분배했었나 그랬다. 그래서 또 문제가 되기도 했던 것 같고…. 이도 꽤나 오래전 일이라, 그렇게 받았었던 건지, 이야기만 오간 걸 기억하고 있는 것인지, 확실한 기억은 아니다.

사장님   행동심리학에 반대하는 사람들은 인센티브를 주된 동기 요인으로 보지 않아요. 급여가 일정 수준 이하이면 생활이 힘드니까 그도 문제이겠지만, 일에 대한 만족도가 꼭 급여 수준에 비례하는 건 아니라는 거죠. 인센티브가 일정 수준이 넘어가면 급격히 커브가 꺾여 버린다는 거예요.
최근에는 신자유주의가 이데올로기화 되면서, 급여를 조금 준다는 시그널을 나를 인정해 주지 않는다는 시그널로 받아들이기 시작했어요. 금전적인 보상이 곧 사회적 인정이라는 연관성이 더 높아진 거죠. 《우리는 왜 일하는가》에서 지적하고 있는 건, 이렇듯 행동심리학에 근거한 인센티브 시스템이 사회를 다 망쳐 놓았다는 거예요. 자아실현이라든지, 혹은 일에 대한 사명감과 소명의식이라든지, 이런 자발성의 요소들을 앗아 가고 오롯이 노동으로 만들어 버렸다는 거예요. 그러니까 오로지 돈 때문에 일하는 거라고 생각하게 되는 거죠.

대표님   사람들이 일에서 의미를 찾지 못하는 이유도 그런 게 아닐까요? 너무나 시스템화 되어 있어서…. 결재 시스템이란 것이 상사에게 사인을 받는 순간, 내 책임 밖의 사안이 되는 거잖아요. 혹여 일이 잘못되어도 어찌 됐건 최종 결정권자가 모든 걸 책임져야 하니 말이죠. 그러다 보니 일이 어떤 성취감의 과정이라기보단, 그저 급여를 받기 위한 수단으로서의 의미가 전부인 듯하고요.

사장님   《우리는 왜 일하는가》에서도 거의 비슷한 지적을 하고 있어요. 왜 일이 이렇게 됐는가에 대한 이유를 몇 가지 말하고 있는데, 그중에 하나가 산업혁명 이후로 일이 분업화가 되었다는 거예요. 예를 들면 내가 인형 전체를 만드는 게 아니라, 눈알만을 붙인다든지 하는 거잖아요. 효율성이야 있죠. 애덤 스미스도 머린 핀 공장 이야기를 하잖아요. 하지만 부분 작업만 하다 보니, 완성품이 내 작품이란 느낌이 들지 않는 거죠. 일의 총체성이 없어지니까, 그 토막 난 일에서 의미를 찾을 수도 없고, 일이 상당히 힘든 거예요. 단순한 일을 계속 반복하는 건 쉽지 않은 일이거든요.

장하준 교수는 저 분업의 논리로 학문의 영역을 설명한다. 전공이 너무 세분화가 되어 있는 시절에는, 전문가들의 전문성을 맹신할 필요가 없다는 것. 학문에서도 포드 시스템의 분화가 이루어진 시대인지라, 지금 여기서의 결정이 흘러가 어떤 결과를 초래하게 될지에 대한 통찰력이 부족하다는 지적. 대표적인 사례가 신자유주의 경제전문가들이 모여 비전문가적 재앙을 키워 버린 서브프라임 사태이다.

장하준 교수는 그런 '분업'의 패러다임이, 거시적 관점에서 보면 과연 효율성이기나 하겠냐고 되묻기도 한다. 이런 폐해를 개선하기 위해서라도, 자기 전공과 관련된 주변 지식까지 폭넓게 알아야 한다는 것이, 도요타의 T자형 인재이니 기업인으로서의 안철수가 내세웠던 A자형 인재이니 하는 방략들이었다. 그리고 한동안 스티브 잡스의 '인문학'이라는 키워드가 서점가를 먹여 살렸던 것이고….

효율과 능률의 문제를 넘어 성취와 보람의 문제에 대해서는 더 말할 필요도 없을 게다. 굳이 창의력을 필요로 하지 않는 작업이라면, 작업자 입장에서는 인문학을 읽고 창의력을 발휘하고 싶어도 그게 다 뭔 소용이겠냐 말이다. 그냥 욕 안 먹을 정도로 자기 맡은 임무만을 정도껏 완수하고, 일 밖에서의 소확행을 찾는 게 낫지. 그러니까 이 문제에는 분업과 꼰대 문화, 그리고 조직 풍토의 유연성 등이 다 얽혀 들어가 있는 것이기도 하다. 파편화로의 효율성을 추구하는 포드 시스템 내에서는 고민도 해보지 않는 문제일 테고….

소속과 소유

대표님　일이란 게 그런 의미도 있는 것 같아요. 일을 하고 안 하고의 문제 이외에도 내가 어떤 조직에 속해 있다는 소속감 같은 것에 관한….

니체가 이르길, 소속은 소유와 같은 것이다. 힘든 시절을 살아가는 청춘들이 어딘가에도 속하지 못한다는 사실로부터 느끼는 절망의 성격이, 고립감인 동시에 박탈감이듯 말이다.

사장님   어차피 인간은 기표를 통해 자기 존재를 확인하는 존재
        잖아요. 그것을 통해 자아를 확인하는 존재죠. 내가 어디
        가서 누구를 만나 내 명함을 내밀었을 적에 그 사람의 눈
        빛 속에 벌써 내가 비치잖아요. 그게 상징적인 '나'인 거
        고…. 이를테면 한국에서 대기업만 다녀도, 누군가에게 건
        네는 명함으로 내가 설명되는 거죠. 그 사람이 자신을 애플
        의 디자이너라고 소개하면, 해외시장에 가서도 더 이상 설
        명이 필요 없는 일 아니겠어요? 그렇듯 기표가 지니는 의
        미가 작지 않은 거죠. 사람에 따라서는 자아를 대변하는 전
        부인 경우도 있고….

  술을 무척이나 좋아하는 대학교 선배가, 어느 날도 술에 취해 택
시를 탔는데 여느 날보다 요금이 너무 과하게 나왔단다. 그래서 자
신이 잠든 사이에 택시기사가 일부러 길을 둘러 온 게 아닌가 하고
실랑이를 벌이다가, 결국 시비를 가릴 작정으로 근처 경찰서에까
지 가게 되었단다. 그런데 경찰서에 들어서자마자 선배가 내뱉은
한마디로 모든 게 정리되었단다.

  "저, 요 근처 고등학교 선생인데요. 글쎄 이 기사분께서…."

  교권이 곤두박질친 요즘의 시절에 '교사'라는 기표만으로 대신

\<비 내리는 거리\>, 53x72.7cm, oil on canvas, 2014.

할 수 있는 범주가 예전 같기야 하겠냐만, 사안과 상황에 따라서는 굳이 스스로를 해명하지 않아도 된다. 사장님께서 말씀하신 기표의 의미는 이런 경우에 해당된다.

대표님   은퇴하신 분들 보면, 생계는 안정이 되어 있는데, 일을 그만두는 순간, 은퇴를 해서 현장에 있지 않는 순간, 급격히 노화가 일어나는 것 같더라구요. 일에 치일 땐 그만 좀 쉬고 싶은 마음이 굴뚝같지만, 막상 2달 쉬어 보면 자신의 존재가치가 사라진 것처럼 느껴지는 거예요.

사장님   일의 난이도가 있고 실력이 있어요. 테트리스를 예로 들면, 게임의 난이도가 있고, 내 실력이 있잖아요. 내가 실력이 7인데 난이도가 3이면 재미없죠. 은퇴하신 분들은 실력은 있는데, 이젠 난이도가 낮은 일밖에 할 수 없죠. 또 그마저도 없어서 집에만 들어앉아 있으면 심심하고 무료한 거죠. 세포가 조금이라도 도전을 인지해야 뭔가 진보감도 느끼는 것이고요. 이게 굉장히 중요해요. 회사도 그래서 이걸 맞춰 주려고 노력을 하죠. 초보자들한테는 너무 어려운 일을 시키지 않고, 조금 올라갈수록 경력에 맞게 난이도를 조정해 주는 거죠. 일이 재미없는 이유는, 실력은 올라가는데 일의 난이도가 너무 낮은 거예요. 또는 업무에 너무 스트레스를 받는 거죠. 영어를 전혀 못 하는데 영어로 스피치를 해야 한다든가…. 일이 재미있으려면 성취감을 느낄 수 있고, 난이도가 조금씩 높아지되 너무 어렵지도 않아야 되는 거예요.

퇴직하신 분들은 심심하기도 하고, 막상 지위의 기표를 잃어버리니까 밖에 나가는 순간 사람들이 노인네 취급하는 것 같고, 이것들이 나를 우습게 안다는 생각이 드는 거죠. 그래서 그 기표를 다시 얻기 위해 다른 데 들어가시기도 하거든요. 기표를 잃어 보면, 그걸 못 견디는 거예요. 자아가 지위에 붙어 있지 않으면 상관없는데…. 외국은 은퇴하고도 잘 지내잖아요. 외국은 조직 내에서 그냥 이름을 부르니까. 우리는 그게 아니죠. 부장님, 이사님, 사장님의 직함이 항상 따라 붙었는데, 그 호칭이 사라지는 순간 자신의 존재를 확인할 길이 없는 거죠.

과목이 정확하게 기억이 나진 않는데, 하여튼 교육학 분야 중 하나였다. 학부 시절에 내가 들었던 어느 교육학 수업은, 강사분이 교장선생님으로 은퇴하신 경우였다. 연금에 비하면 그 시간강사로서의 급여가 얼마나 되겠는가? 오랫동안 관리자의 자리에만 있었으니 가르침에 대한 열망도 있었을 테고, 중고등학생보다는 어른스러운 청춘들과 소통하는 일이 새로운 의미이며 재미이기도 했을 테고….

그 강사분께서 교장으로서의 기억은 다 내려놓고서 학생들과 소통하시는 분이었다는 사실을, 교직을 겪어 보고서야 뒤늦게 이해했다. 수업을 체계적으로 하시는 것도 아니었고 언변이 논리적인 것도 아니었는데, 소박한 서사와 질박한 말투로 건네는 이런저런 인생의 에피소드들을 재미있게 들었던 기억. 그분은 그저 청춘들과의 생활을 재미있게 느끼시는 것 같았다.

사장님 흔히 꼰대라는 사람들은 기표와 자아가 떨어지지 않는 사람들이예요. 기표와 자아가 떨어진다는 이야기는 기표를 옮겨 탈 줄 아는 거죠. 회사에는 사장이었다가도, 밖에서는 그냥 아저씨이고, 집에서는 할아버지이고, 식당에 가면 손님이 되는 거예요. 호텔에 갈 때는 고급손님이고, 막걸리집에서는 막걸리집에서처럼 앉아 있는 거예요. 어디서나 직함의 대우를 받으려고 하는 사람들, 그런 이들이 꼰대죠. 그래서 음식점에서도 자기한테 인사하지 않거나 하면 분노를 참을 수 없는 거예요. 누가 모르는 사람이 '아저씨 차 빼요' 그러는 순간 폭발하는 거고…. 꼰대라는 게 그래요. 그 기표가 나이든 직책이든 그것이 자아랑 분리가 안 되니까, 기표가 손상을 입으면 자아도 손상을 입는 거죠. 그걸 견딜 수가 없는 거예요. 훌륭한 인격을 갖춘 이들은 이게 잘 분리되는 경우죠.

사회적인 약자를 대우하는 걸 보면 그 사람의 인격이 드러나요. 사회적인 약자들하고 잘 지내는 사람들은, 대체적으로 자아와 기표가 떨어져 있는 거예요. 그런 사람들은 어디가나 잘 지낸다고 봐요. 생각도 잘 늙지 않고…. 로마에 가면 로마법을 따라야 하는 거고, 그 사회에 가면 그 사회에서처럼 놀아야죠. 그 속에서 자기의 의미를 잘 찾아야 하는데, 너무 늘러 붙으면 힘들 수 있는 거죠. 회사에도 앞으로 그런 사람들이 많이 필요하게 될 것 같아요. 메타지식도 자신의 기표를 잘 옮겨 타는 사람들에게 축적되는 능력치예요.

우리 시대의 역설

지식은 권력이다

미네르바의 부엉이

"철학이 재미있어? 사람들이 그런 글을 많이 읽을 것 같아? 시장은 생각하지 않고 고집대로 쓰는 거 아니야?"

이제는 그러려니 하는 나의 일상이지만, 왜 그다지 실용적이지도 않은 철학에 대해 글을 쓰냐고 묻는, 아직까지도 나를 이해하지 못하는 지인들도 더러 있다.

"나도 재미없어!"

나의 대답은 한결같다. 낸들 철학이 재미있을 리가 있나? 내가 결코 철학자가 될 수 없는 이유이기도 할 것이다. 하긴 가끔씩은 도대체 왜 내가 이런 글들을 읽고 쓰고 있는지 스스로도 이해가 가지 않는 순간들이 있다. 그러니 나를 오랫동안 보아 온 측근들에게

나의 지금은 히어로적 각성이나 마찬가지인 상황이다. 쏘는 것이
거미줄이 아니고, 장착하는 것이 아이언 슈트가 아닐망정….

그냥 그런 느낌이다. 상추쌈 끝에 얹어지는 마늘 한쪽, 국밥의
건더기 위에 얹어 먹는 한 움큼의 부추, 돼지등뼈 위로 수북이 쌓
이는 깻잎, 해물 위에 그득 얹어지는 쑥갓과 미나리…. 이걸 또 맛
의 '깊이'를 더하는 것들이라고 표현하는 사람들도 있겠지만, 나
는 '깊이'라는 표현을 그닥 좋아하지 않는다. 그저 그것들을 맛있
게 먹는 각자의 취향일 뿐이다. 깻잎이 감자탕의 당위성인 것도 아
니고, 해물탕의 필요조건은 해물이지 쑥갓과 미나리는 아니지 않
던가.

삶의 '깊이'가 생겨서, 생각의 '깊이'를 위해서, 그런 이유로 철
학을 읽는 것은 아니다. 조금 더 재미있게 생각하려고 다시금 펼치
게 되는 방법론으로서의, 결코 재미있지 않은 철학책. 지금까지 찾
아낸, 내가 철학을 읽는 이유는 이게 전부이다.

대표님 이젠 읽기에 부담스럽고 어려운 책들은 판매에 한계가 있
       어요. 요즘엔 국가에서도 출판사를 많이 지원해 주잖아요.
       철학적이고, 사회현상을 분석하는 다소 어려운 원고들을
       우수컨텐츠로 뽑아 주긴 하는데, 실제로 팔리는 책들은 쉽
       고 가벼운 그런 것들이에요.

사장님 이제는 사람들이 책에서 얻고자 하는 것이 지식이 아닌 것
       같아요. 예전엔 책 이외에는 지식을 얻을 수 있는 루트가
       없었잖아요? 지금은 인터넷을 검색하면 지식은 얼마든지
       있고, 굉장히 고급스러운 지식들도 많고, 동영상으로도 수
       준 높은 강의들을 얼마든지 찾아 들을 수 있죠. 위키피디아
       나 나무위키 이런 거 보면 깜짝 놀랄 정도로 책보다 훨씬
       잘 정리를 해놓았잖아요? 이런 책들이 잘 팔린다는 것은
       이미 세상이 바뀌었다는 이야기겠죠. 독자들은 여전히 책
       을 통해서만 가능한 것들, 아직 남아 있는 책의 기능을 소
       유하고자 하는 것 같아요.

    대표님께서 언급한 '그런 것'과 사장님께서 언급한 '이런 책'은
같은 대상이다. 사장님께서 들고 오신 책은《하마터면 열심히 살
뻔했다》가 제목이었다. 그런 책은 잘 안 읽는 성향이실 듯한데, 한
번 요즘의 트렌드를 살펴보고자 구매하셨나 보다. 대표님이나 사
장님이나 그리고 작가 자신이나, 이 원고의 초점을 모든 독자가 쉽
고 가볍게 읽을 수 있는 방향성에 맞추고 있다는 사실이 일치할
뿐, 포맷에 대한 생각은 미팅 때마다 바뀌었다. 그만큼 어떤 기획
으로도 쉽지가 않은 요즘의 출판 시장이다. 트렌드를 염두에 둔 기
획으로도 1권의 성공 옆으로 9권이 사장되는 현실이다 보니, 결과
론이 지배하는 영역이기도 하고….

<도시 사람들>, 52x90.9cm, oil on canvas, 2015.

대표님 인터넷이 발달하면서 너무 정보가 많아지니까 오히려 어떤 정보가 좋은 정보인지를 모르게 되었죠. 그래서 책은 죽지 않는다는 말이 있기도 했어요. 독자들은 책에 실린 정보를 신뢰할 수 있다고 여기는 성향이 있어서, 다시 책으로 돌아올 수밖에 없다는 이야기였죠. 그런데 제 개인적인 생각으로는, 책의 시대는 끝난 것 같기도 합니다.

하이데거에 따르면 정보란 일종의 명령의 의미이다. 주식 투자의 사례만 봐도 알 수 있듯, 우리는 자신에게 알려진 정보를 수행할 준비가 되어 있다. 그러나 마셜 맥루언에 따르면, 정보의 양이 늘어날수록 정보의 밀도가 떨어진다. 대표님이 하신 말씀도 이런 맥락이다. 검색되는 정보가 너무 많아서 그중에 어떤 것을 신뢰해야 할지를 모르는 것이다. 그런데 미디어 영역에서 많이 언급되는 저 맥루언이란 사람도 1980년에 사망한 사람이다. 그로부터 근 40년이 지나고 있는 오늘날의 풍토를 오로지 그의 견해로 다 설명할 수도 없다.

요즘에는 지식 관련 블로거들이 여간한 전문가 수준이다. 차라리 맥루언의 어록은 출판계에 적용해야 할 판이다. 출판사 수가 많아지고 하루에 100권의 신간이 쏟아져 나오는 시절이다 보니, 책에 실린 정보도 어느 것을 신뢰해야 하는 것인지도 애매한 일이다. 누구는 아침형 인간으로 살라고 하고, 누구는 저녁형 인간으로 살라고 하고…. 더군다나 동영상 매체가 제공하는 정보의 밀도가 문자 매체에 뒤지지 않는 시절, 글쟁이들은 유튜버들이 보여 주는 미디어 활용의 성실함조차 따라가지 못하는 것이다. 어벤져스의 세계관을 정리해 놓은, 혹은 어려운 영화들을 해석하는 유튜버 영상을 본 적이 있나? 되레 그런 정리와 해석이 가능하지 않은 영화평론가들이 수두룩하다.

나의 경우로부터 고민해야 할 문제이기도 하지만, 지금의 시절에 남겨진 종이책의 기능이 무엇일까를 생각해 보면, 개인적으론 소장가치에 집중하는 편이다. 책을 잘 읽지 않았던 시절에도 음반을 수집하는 취미는 있었던 터, 그냥 학창시절에 내가 소중히 했던 가치를 떠올려 보고 있다. 그런 이유로 화가분들하고의 협업을 하는 것이기도 하고….

사장님 책의 기능이 무엇인지 본질적인 질문을 던져야 할 것 같아요. 지식은 사후적인 성격이 강해요. 지식은 결국 이미 일어난 현상에 대해 나중에 설명하는 것이잖아요? 때문에 지식으로 설명되지 않는 현재의 문제들이 많이 있죠. 왜 이런 책들이 안 팔리지 하고 질문을 던져 보지만, 이미 세상은 바뀌어 있는 거죠. 《안티 오이디푸스》 같은 것도 68혁명 끝난 다음에 쓰여진 것이지, 그로 인해 68혁명이 발발한 게 아니라는 거죠. 지금 이야기 되어지고 있는 지식이란 것들도 대부분 다 회고적인 성격인 것 같아요. 미네르바의 부엉이는 해가 진 다음에 날아오른다는 거죠.

68혁명이란, 68년에 프랑스에서 일어나 전 세계의 청춘들에게 저항의식을 고취시킨 사회변혁 운동으로, 인문학에서 많이 거론되는 특이점이다. 기존의 시대착오적인 사상과 권위적인 문화에 저항하는 철학자들은 이 혁명을 지지했다.《안티 오이디푸스》는 정신분석에 관한 한 권력적 지식이었던 프로이트 커넥션에 비판을 가한, 철학자 들뢰즈와 정신분석학자 가타리의 공저이다.

미네르바의 부엉이는 헤겔의 키워드로, 부엉이는 지혜의 여신인 미네르바(아테나)의 상징이다. 날이 저물어야 비로소 날아오르는 부엉이처럼, 하루가 끝난 후에야 그 하루에 대해 알 수 있다는 비유로, 지나고 나서야 사후(事後)적 해석이 가능하며 우리는 어떤 결과의 기반 위에 살아간다는 의미이다. 한동안 서점가의 이슈였던 4차 산업혁명을 예로 들자면, 관련 업계에서는 이미 오래전부터 준비해 온 주제였단다. 그러니까 서점가는 미래사회를 예측한다기보단, 미래사회를 준비하고 있던 산업계의 몇 해 전 동향을 상품화한 것에 지나지 않다.

사장님 라캉의 담론 중에 지식의 담론, 그게 대학의 담론이잖아요.
      라캉은 자신이 지식의 담론이 되고 싶어 하지 않았어요. 라

<비 내리는 거리>, 53x72.7cm, oil on canvas, 2013.

캉 스스로가 미지수가 되어서, 세계에 질문하는 자로 남으려고 했던 거죠. 모든 창의적인 사람들이나, 사상가들은 질문하는 사람들이었지, 답을 주는 사람들은 아니었어요.

사실 지식이라는 건, 자기 밑에 폭력을 숨기고 있거든요. 이를테면 현대사회는 경제학이 모든 현상을 설명하려 들잖아요? 실상 그 밑에 자본주의의 인간관을 숨기고 있는 거죠. 하지만 그 지식들로 설명되지 않는 것들이 많이 남아 있죠. 그렇게 남겨진 것들조차 끊임없이 이론이란 이름으로 포집해 나가고, 그로 인해 남는 것이 소외된 인간이거든요.

바디우의 설명에 따르면, 프로이트의 후학들은 다른 결의 정신분석적 해석들을 배제하는 고집이 있고, 라캉의 후학들은 라캉을 독점하려는 경향이 있단다. 지금도 '라캉에게서 직접 배운' 이들이 적통이라는 인식이 있는 편이다. 그 꼴을 보기 싫었던 라캉이 말년에 해체를 하고자 했는데, 이미 권력적 지식이 되어 버린 후학들이 도무지 해체가 되지 않았다. 라캉의 제자라는 기표가 그들에겐 무엇과도 바꿀 수 없는 권력이었을 테니, 마스터가 해체한다고 해서, 그 충정의 열정들이 해체될 리 있었겠는가? 인간의 삶, 그 다양한 표현들을 권력적 지식의 체계로 환원할 수 있는 문제일까? 이를테면 우리가 성장의 과정 중에 정말로 프로이트가 언급한 식의 오이디푸스 콤플렉스를 겪는가 말이다. 프로이트가 그렇게 말했다고 해서, 우리의 삶을 그 지식에 그대로 끼워 맞출 필요는 없음에도, 프로이트가 말했다는 사실 자체만으로도 그 지식은 공신력을 지닌다.

"경제학자들과 정치사상가들의 아이디어는 그것이 틀릴 때든 옳을 때든 우리가 흔히 생각하는 것보다 훨씬 더 강력한 힘을 지닌다. 실제로 세상은 거의 그 아이디어들에 의해 돌아간다. 자신은 지식인들의 영향력에서 꽤 벗어나 있다고 믿는 현실적인 사람들도 보통 죽은 경제학자의 노예이다."

경제학자 케인즈의 어록으로, 철학사에서는 푸코의 키워드로 유명한 권력적 지식에 관한 지적이다. 종교나 철학이나, 문학이나 예술이나, 일단 헤게모니를 잡은 권력층은 절대로 그 특권을 내려놓지 않으려고 한다. 가장 수월한 방편은 그 지식을 이데올로기화하는 것이다. 푸코에 따르면, 지식은 사실을 설명하는 담론이 아니다. 대상을 설명하기 위해 지식이 생산되는 게 아니라, 담론으로부터 그 담론을 수호하기 위한 담론이 파생된다. 가령 특정 문체가 문단의 전형으로 규정되는 순간, 그 이외의 문체는 등단의 조건일 수가 없다. 등단의 심사자가 모두 그런 문체의 추종자 혹은 수호자들일 터…. 예술계 역시 마찬가지이다. 크리에이터가 지닌 재능보다는 심사자들의 성향이 보다 관건이다.

정신분석과 정신의학

사장님   주의력 결핍 장애(ADHD) 같은 증상이 병으로 인정된 게
　　　　얼마 되지 않았어요. 80년대 이후예요. 미국 같은 경우는
　　　　학생들 중 10%가 ADHD라고 하는데, 지금 계속 늘어나
　　　　요. 그런 증상은 약을 먹으면 효과가 있어요. 일반인들도
　　　　그 약을 먹으면 주의력이 높아져요. 그런데 오랜 시간 동안
　　　　가만히 앉아서 수업에 집중할 수 있는 주의력이 정상의 척
　　　　도인 건 아니잖아요? 그런데 자본주의 패러다임이 일반화
　　　　되면서, 장시간 가만히 앉아서 작업을 해야 할 일이 많아지
　　　　고, 지식의 숙달도가 높아져야 했던 거예요. 그러니까 가만
　　　　히 앉아 있지 못하는 게 병이 된 거예요.

　사장님께서 지식의 권력에 대해 말씀하시다가 잇댄 정신의학
에 관한 이야기이다. 어려서부터 엄마에게 '부산스럽다'라는 말
을 많이 들었던 것 같다. 그런데 아이들은 원래 부산스러운 존재이
다. 얌전하고 다소곳한 아이들이 정상인 것도 아니다. 그렇게 자라
나길 바라는 어른들의 바람으로 '착한 아이'가 되어 가는 것뿐이
다. 우리는 취학연령 전후로 해서 '착한 아이 증후군'이라는 걸 겪
는다. 어른들이 정해 놓은 도덕이 아이의 내면에 자리 잡으면서,
'나쁜 아이'가 되고 싶지 않은 것이다.

물론 이 경우는 '관계'에 대한 문제를 미리 겪는 사회화 과정으로 꼭 필요한 훈육일 수도 있지만, '비정상'이란 범주가 미리 존재하는 것이 아니라 '정상'의 개념이 먼저 주입된 후에 사후적으로 발생한다는, 푸코의 주제를 끌어내기 위해 굳이 쓴 세설(細說)이다. '정상'에 해당하는 개념이 정립되고 난 이후 그 정상에서 벗어나는 '비정상'들이 발생한다. 이를테면 푸코 자신이 겪고 있었던 동성애 같은 경우이다. 다수가 행하는 사랑의 방식이 정상의 범주로 고정되면, 소수가 지닌 사랑의 방식은 비정상의 범주로 밀려난다. 경우에 따라선 비정상을 넘어 금기와 죄악이 되기까지도 하고….

사장님　DSM(정신질환 진단 및 통계 편람)도 생물학적인 근거는 없는 매뉴얼이에요. 그런데 왜 이렇게 활성화가 되어 있냐면, 그와 맞물린 제약회사의 이권이 어마어마해요. 정신의학 분야에서는 '정상'의 개념이 있는 거잖아요. 그리고 약을 처방하는 것이 가장 효과적인 방안이죠. 제약회사들 입장에서도 그 방식이 가장 좋기도 하고요. 그런데 근본적인 치료 방략은 되지 못해요. 환자는 약을 계속 복용해야 하는 거죠. 일부 정신과 의사들도 굉장히 많이 고민을 하는 문제예요. 이러한 처방이 문제가 있다는 것을 본인들도 잘 알아요.

반면 정신과 의사들이 싫어하는 병들이 있어요. 가령 트라우마에 관한 증상은 마땅히 처방할 약물이 없어요. 그렇지만 그건 또 심리상담가들의 밥그릇이죠. 참전 용사들 중에 트라우마를 겪는 경우는 미군들 중에 많아요. 반면에 영국군들 중에는 없었대요. 왜냐하면 영국에서는 그걸 병으로 인정해 주지 않거든요. 미국에서는 병으로 인정을 해주고, 사회적으로 보조금이 지급되면서, 거기에 상담가들의 마켓이 형성된 거죠. 참전 용사들은 참전하기 이전이나 이후에나 정신에 문제가 생길 만한 생활 패턴이었던 거예요. 그걸 전쟁의 경험과 결부를 시키는 것이죠. 본인의 생활이 원인인 사안임에도 전쟁을 원인으로 돌리면 조금은 위안이 되는 거죠. 물론 이 또한 가설이긴 하지만….

사장님께서 조금은 길게 말씀하신 부분을 축약하다 보니 오해의 소지가 있을 편집이진 않을까 걱정이 되기도 한다. 이 글을 읽는 정신과 의사 분들도 있을 테고, 정신의학과 정신분석이 내놓는 각자의 입장이 있을 터이나, 사장님께서 말씀하신 내용은 푸코의《정신의학의 권력》이란 책도 뒷받침을 하고 있는, 하나의 견해라는 점을 참작해 주시면 좋겠다. 푸코는 약물치료에 대해서, 정신의학의 권력을 환자의 신체 내부에 주입하는 것으로 설명한다.

'공황장애'라는 말이 생겨나기 전에는 그런 증상들이 없었을

우리 시대의 역설

<비 내리는 거리>, 97x200cm, oil on canvas, 2017.

까? 단어가 생겨나기 전까지는 그런 증상은 병이 아니었다. 현대인의 병은 현대에 이르러 발견이 된 것이 아니라, 현대에 이르러 명명이 된 것이다. 물론 그로 인해 보다 세밀한 진단과 처방이 가능해진 체계적 순기능도 있겠지만, 문제는 일반적인 불안의 기미와 조짐까지도 불안장애의 진단과 처방의 매뉴얼에 수렴시키는 관행이다. 의료 행위를 넘어선 '산업'으로서의 과잉이 정신의학 영역만의 문제도 아니라는 것을, 치과만 방문해 봐도 느낄 수 있는 문제가 아니던가.

서점가의 베스트셀러 목록으로도 확인할 수 있지만, 불확실성이 점점 커져 가는 현대사회에는 '불안'도 하나의 상품이 되어 버린 듯하다. 불안을 치료한다는 명분으로 되레 많은 불안을 양산해 내고 있는 건 아닐까? 정신과를 방문하는 일이 터부시되는 시절도 아니지만, 또 대중들에게 정기적인 상담을 권고하는 분위기도 '산업'으로서의 의료처럼 느껴질 때가 있다. 그러나 또 그 불안에 대한 처방이기도 하다는 순환 속에서 결국 대중은 의학의 권력에 끌려갈 수밖에 없다.

물론 약물치료의 효용을 부정하는 것도 아니거니와, 또한 정신분석에 대한 지적도 서술했다. 그런데 《꾸뻬 씨의 행복여행》에서 보듯, 정신을 감정하는 직업이 되레 정신의 문제를 앓고 사는 경우가 적지 않단다. 그렇듯 정신분석의 매뉴얼과 간단하고 효과도 빠른 약물치료로 다스릴 수 있을 정도로 우리의 뇌와 정신의 구조가 간단하지는 않다는 것. 하여 약물은 거들 뿐, 정신에 영향을 미치는 수많은 함수들을 고려해야 한다는 이야기이다.

생활비를 버는 법을 배웠지만,
어떻게 살 것인가는 잊어버렸다

돈의 품격

재물론(財物論)

대표님 직장에서 월급을 받으면서 생활할 때는 못 느끼다가, 직접
사업을 해보니까 돈이 주는 스트레스는 상당하더라구요.
그래서 《장자》를 공부해 볼까도 했어요. 장자는 그래도 물
욕으로부터 자유로웠던 사람 아닌가요?

사장님 돈의 문제가 돈의 문제만이 아니기 때문이죠. 돈의 문제가
가족의 문제이기도 하고, 사회로부터의 인정받는 존재감의
문제가 얽혀 있기도 하잖아요. 돈이 없다는 건 자기 존재의
근거를 놓을 때가 없다는 의미이기도 하고…. 때문에 돈의
문제를 장자적으로 해석하고 싶어도, 집에 들어가서 와이

프에게 한 소리 듣게 되는 순간, 그게 아닌 거죠. 조금 다른 성격의 문제죠.

대표님   제가 잘 몰라서 여쭈는 건데, 장자는 돈 좀 있는 사람이었나요?

사장님   장자에 관한 기록은 거의 없고요.《사기》'열전'에 200자 정도로 적혀 있는데, 몽(蒙) 지방의 칠원(漆園)의 관리였다고 해요. 그것이 어떤 직책인지는 정확하지 않고, 아마 우리로 보면 동산지기 산에 과수원 같을 걸 관리하는 하급관리가 아니었나 추정이 된다고 하죠. 이야기를 살펴보면 그렇게 부유하지는 않았던 것 같아요.

그런데 이해가 잘 안 되는 면이 있어요. 그 당시에 그 정도의 글을 쓰려면, 상당한 독서를 했다는 거죠. 장자의 문장력을 보면 당대 최고라고 하거든요. 글의 힘이나 그 스토리텔링의 스케일이나…. 그리고 장자는 자기가 만든 단어가 굉장히 많아요. 그 정도의 언어력을 가진 사람은 거의 안 보이는데, 당시에 책이 얼마나 비쌌을까를 생각해 보면, 잘 이해는 안 되거든요. 책 하나면 집을 바꾸고 했을 거라구요.

친구였던 혜시가 위나라의 정승을 지내기도 했으니, 꽤 중

앙에 커넥션들이 있었을 거라고 봅니다. 공자 제자인 자하 계열의 어딘가에서 공부하지 않았겠는가라고 추정이 되는 꽤 지식인이었어요. 당대에 꽤 지식인이었다는 점에서 그 렇게까지 가난하지는 않았던 것 같아요. 또한 자신이 직접 경험해 보지 않은 부나 명예나 이런 것들에 대해, 어느 정 도 근처에서 목도하지 않았다면 그런 식으로 이야기하기가 쉽지 않거든요.

잠깐 내 원래 전공으로 돌아가 설명해 보자면, 성리학에서의 기 (氣) 개념도 처음 등장하는 출전이 《장자》라고 한다. 참고로 이(理) 개념은 불교에서 들어온 것이다. 주자(朱子)는 당시에 유행했던 도 가와 불교의 관념론을 차용해 새로운 유학의 길을 모색한 경우이 다. 하여 조선의 기득권이 견지했던 사문난적(斯文亂賊)의 슬로건으 로 동양 철학사를 이해할 일도 아니다.

'노장(老莊)'이라 불리지만, 노자의 도(道)는 적극적 무위를 표방 한 정치철학에 가깝다면, 장자의 도(道)는 보다 탈속의 기치를 내세 우는 개인적 수양에 관한 성격이다. 노자의 철학은 국가라기보다는 공동체 규모의 커뮤니티를 지향하는 담론이고, 장자는 그 공동체를 살아가는 건강한 개인의 담론 정도로 해석할 수 있다. 그러나 그 개 인을 세속과의 연을 완전히 끊어 버린 야인으로 해석하는 순간, 계 룡산과 지리산이 도가의 성지순례 코스가 되어 버리는 것이다.

개인적으로 《장자》의 텍스트를 그다지 좋아하지 않는 이유는, 체념된 삶의 태도를 정당화하는 도피와 회피의 수단으로 오용되는 경우가 적지 않기 때문이다. 《장자》그 자체라기보다는, 무책임한 현실감을 정당화하려 드는 듯한 탈속적 명분들에 대한 반감이다. 크루소가 처한 한계상황을 직접 겪어 보지 않은 루소의 자연주의 같은 것이랄까? 실제로 루소는 저 자신의 가족에게는 다소 무책임 했지만, 교육사에 회자되는 어린이 교육용 지침서를 저술하기도 한 사상가였다. 혼자서 도사가 되는 거야 누가 만류하겠나? 하지만 가족의 문제가 얽혀 있음에도 저 홀로 장자로 살고자 하는 소요(逍遙)의 욕망이 과연 도(道)에 부합하는 정신이기나 할까?

사장님   무책임할 정도로 열망하면 그럴 수 있겠죠. 성철스님 같은 분은 가족을 떠나서 본인은 큰 스님이 됐잖아요. 그렇게까지 열망하면 출가하겠죠. 하지만 어려운 문제라고 봅니다. 《장자》가 회피의 수단으로 쓰일지는 몰라도, 장자의 삶 자체는 쉬운 결단은 아니었다고 봅니다.

아마도 송나라와 위나라의 경계 어디에 살면서, 굉장히 험난하게 살았던 것 같아요. 혼란의 시절에, 얘가 지배했다가 쟤가 지배했다가 하는 지역에 살면서 민중의 도탄을 지켜볼 수밖에 없었겠죠. 그리고 정치에 대한 환멸과 지식인으로서의 절망감, 이런 것들이 있지 않았을까 생각해요. 그래

<햇살 좋은 날>, 57x100cm, oil on canvas, 2015.

서 새로운 다른 양식을, 그러니까 이 지옥을 벗어날 수 있
는 천국을 만드는 방법으로는 다르게 보는 걸로, 내 관점을
바꾸는 걸로 접근한 것 같고….

대표님   돈이란 게 있으면 좋은데, 그렇다고 그렇게까지 많이는 필
요 없고, 적당량만 있으면 되겠는데, 요 '적당히'가 안 생기
더라구요. 또 막상 돈이 있는 사람은 그걸 지키기 위해서
더 스트레스를 받는 것 같아요.

사장님   돈은 하나도 부러운 게 아니에요. 제가 농담식으로 이야기
하곤 하는데, 100억 이상 재산을 지닌 집안에서, 제사 같이
지내는 경우를 거의 본 적이 없어요. 아버지가 재산을 물려
주고 돌아가셨는데 그 형제자매가 모여서 아버지 제사를
같이 지낸다면, 그건 명문 집안이에요. 대개가 서로 얼굴도
안 봐요. 제사는커녕 이미 법정 싸움으로 가지 않았으면 다
행인 거예요.
부모 재산이 10억 정도 되면, 그래도 그건 어떻게든 나눠
가져요. 아버님이 굉장히 훌륭한 분이면서 재산 많은 경우
에는, 형제자매 간에 나눌 수 있다고 봐요. 서로가 어떻게
살았는지 어려서부터 봐온 거잖아요. 그런데 결혼하면서
새로 들어오게 된 사람은 그 시절을 못 봤잖아요. 그러니까

자기가 한 것만 아는 거예요. '우리집은 이렇게 어려워도 나는 그렇게까지 했는데', 뭐 이런 말이 나오게 되는 거죠. 제3자가 들어오는 순간 판이 깨지게 되어 있어요. 그렇게 되면 재판을 통하지 않고는 막을 방법이 없는 거예요. 제 주변에 그런 형제자매끼리 안 보는 경우가 꽤 많거든요. 10억 정도의 재산이면 그래도 형수와 제수씨랑 얼굴 붉히면서까지 그러진 않아요. 100억 쯤 되잖아요? 그럼 이게 자기 문제가 아니에요. 자기 자식들 문제라고요. 이걸 받아야 애한테 물려주잖아요. 그러니까 양보할 수가 없는 거예요.

잘산다와 잘 산다

사장님 우리나라 말은 조금 이상하죠. '잘산다'라는 말이 경제적으로 잘 산다는 말이잖아요? 부유한 것과 그게 좋은 삶이라는 것이 같은 의미는 아닌데, 우리나라에서 '걔 잘 살아' 그러면, 라이프가 좋다는 말이 아니라 경제적으로 부유하다는 의미잖아요. 한국 사람들 말 속에는 이미 경제적으로 풍족하면 좋은 삶이 된다는 믿음이 있는지도 모르겠어요.

대표님 국립국어원 표준국어대사전에 보면 '잘산다'가 한 글자로 묶여 있는데, 부유하게 산다는 뜻이에요. 그리고 '잘'과 '산다'를 띄어 쓰면 그냥 별 탈 없이 잘 살고 있다는 의미이고요.

국립국어원의 기준에서는 '잘산다'가 '잘나다'와 같은 맥락인가 보다. 수식어와 술어가 묶여 하나의 단어가 되는…. 오랜만에 연락을 해온 친구가 묻는 '잘 살고 있냐?' 인사에서 '잘 산다'가 '잘산다'의 의미는 아닐 터, 그러나 때로 '잘 산다'와 '잘산다'의 구분이 무의미하기도 하다. 어떻게 살 것인가의 질문에, 문자로 대답하지 않는 한, '잘 산다'와 '잘산다'의 띄어쓰기를 뭉개며 말하고 싶은 것이 솔직한 심정이기에…. 잘 살고 싶기도 하고, 잘살고 싶기도 하고….

사장님 돈의 의미가 많이 달라졌죠. 옛날에는 돈, 명예, 지위가 약간 분리되어 있었어요. 군인 같은 경우는 명예직이지만 돈은 크게 벌지 못하고, 장사하는 사람들과 학교 선생님들이 분리가 되어 있었는데, 요즘에는 거의 돈으로 수렴이 되잖아요. 돈이 있다는 건 상당한 지위를 확보할 수 있는 조건이죠. 예전에는 연예인이 돈 많이 번다고 해도, 사회적 지위가 그렇게 높지는 않았죠. 요새는 그렇지는 않잖아요. 돈의 의미가 좀 많이 바뀐 거죠. 모든 걸 통제할 수 있는 힘의

우리 시대의 역설

근원으로서….

회사 내에서도 많이 바뀌었어요. 예전에는 돈으로 보상하는 것보다는 승진이나 교육훈련의 기회라든지 이런 것으로 보상했다면, 요즘에는 돈으로 보상받지 못하면 인정받지 못한다고 느끼는 거예요. 물론 안 그런 경우도 있지만, 전체적으로 사회적 분위기 자체가 돈이 있으면 일단 타인으로부터의 상당한 인정을 받을 수 있다는, 그런 의미가 강한 것 같아요. 일단 벤틀리 타고 어디 가서 무시당할 일은 거의 없잖아요.

대표님 　출판계에도 크게 돈을 좀 번 사람들이 있잖아요. 출판사 대표들 사이에서 오가는 이야기가, 저 인간 저거 돈이 있으니까 그나마 몇 명이 옆에서 떡고물이라도 떨어지지 않을까 하고 지금 친한 척 놀아 주는 거지, 돈 없으면 주변에 아무도 없을 거라고…. 그런 경우 비슷한 것 같아요. 돈이 있으면 없는 인격마저도 만들어지는 시대가 아닌가 싶은….

사장님 　자본주의 사회에서 돈을 어떻게 볼 것인가, 이 구조를 바꿀 수 없는 상황에서 돈을 벌지 못한다는 것은 힘든 삶이 될 것 같아요. 몇 가지 사회적인 제약 조건이 있죠. 맹자의 말마따나, 항산(恒産)이 없으면 항심(恒心)이 없어진다고…. 항산이라는 것은 일정한 직업 같은 걸 의미해요. 뭔가 일을 통해서, 업을 통해서 항심을 갖는 게 중요하다 건 굉장히 공감을 해요. 물론 맹자에 따르면, 항산이 없어도 항심이 있는 게 그게 선비예요. 일정한 직업이 없어도 마음이 흔들리거나 나쁜 생각하지 않고…. 그런데 일반적인 사람들은 항산이 없으면 항심이 없어지고 자아를 실현하기 어려워지죠. 그래서 소득원으로의 일은 참 중요한 사안이죠.

미팅 중간에 문득 대표님이 내게 돈이 없어서 서러웠던 적이 언제였는가를 묻길래, 이 바닥에 들어와서 적금을 깼던 날의 이야기로 대답을 했다. 그런데 집에 돌아와서 곰곰이 생각해 보니 뭔가 금액이 잘 안 맞는다. 교사 생활하면서 부은 적금은 다 어디로 사라진 것일까? 기억을 더듬어 보니 지금 살고 있는 전셋집에 그 돈을 다 때려 박았다. 당분간은 벌이가 변변치 않을 것이 걱정되어서, 매달 빠져나갈 월세부터 해결을 하고자 했던 것.

미팅 중에 내가 말했던 헛헛함의 기억은, 매달 10만원씩 부었던 주택청약에 관한 것이었다. 퇴직금으로 생활하다 보면 그 돈을 다 쓰기 전에 뭐라도 되어 있을 줄 알았다. 그런데 그 돈을 몽땅 써버리도록 일은 잘 풀리지 않았고, 청약 통장을 해지할 지경에 이르렀다. 나도 내 집 마련의 꿈이 있는 청춘이었는데, 그걸 해지하고 은행 밖을 나서는 발걸음이 어찌나 무겁고 쓸쓸하던지…. 아울러 떠

우리 시대의 역설

오른 조금 더 무겁고 쓸쓸한 추억은 엄마에 관한 것이었다.

대학교를 졸업하고도 취업이 안 돼서 학교 도서관에 계속 나와 공부를 하던 해의 일이다. 아버지는 서초동의 성모병원에서 암투병 중이셨는데, 다행히 학교에서 멀지 않은 거리였다. 그러나 또 취업 공부를 해야 하는 입장이다 보니, 병원에 잠깐 들렀다가 다시 학교 도서관으로 향하는 것이 매일같이 반복되는 일상이었다.

"다른 집처럼 못 해줘서 미안해!"

여느 날처럼 병원에서 다시 학교로 돌아가려고 하는데, 병원 건물 밖까지 따라 나오신 엄마가, 주머니 속에 접어 놓은 돈 5만원을 내게 건네며 하신 말씀이었다. 도대체 뭐가 미안하다는 것인지, 나도 다른 집 자식처럼은 못 하는데…. 한심하고 불쌍하면서도, 생활할 돈이 없어 그 5만원을 날름 받아들 수밖에 없는 내 자신에게 너무 화가 났다.

지금도 가끔씩 그날의 엄마와 그 5만원이 떠오를 때가 있다. 내가 장자의 탈속적 성향을 별로 좋아하지 않는 이유이기도 하다. 그 탈속의 구절들을 인용하며 돈에 얽매이지 않는 고매한 삶의 가치만을 떠들어 대는 이들에겐, 정말이지 가운데 손가락을 치켜올리고 싶은 심정이다. 대개 제대로 겪어 보지 못한 이들이 저 따위 소리를 해대며 저 자신의 고매함에만 전념한다. 돌고 돌아 '돈'이라

<두 친구>, 45.5x65.1cm, oil on canvas, 2013.

우리 시대의 역설

고 한다지만, 돌아 버릴 것 같아 '돈'인 사람들에게는, 돈에 대한 어떤 멋드러진 레토릭도 불편하기만 하다.

사장님   저는 공자가 가난이 어떤 것인지 알았다고 생각하는데, 《논어》에 그런 이야기가 나오잖아요. 가난하면서 원망하지 않기는 어렵고, 부유하면서 교만하지 않기는 쉽다고…. 처음에 읽었을 땐 저는 오타가 아닌가 생각했어요. 공자의 이야기는 뭐냐 하면, 부유하면서 아량을 베풀거나 교만하지 않고 매사 예의를 갖추는 건, 조금만 노력하면 된다는 거예요. 하지만 가난을 겪어 보면 원망하지 않는 건 정말 어렵다는 거예요.

가난하면서도 기개가 있거나, 원망이 없는 사람은 대단히 훌륭한 거죠. 그래서 공자가 끝내 안회를 높게 평가하고, 자공을 높게 평가하지 않은 거죠. 자공은 부유하면서도 교만하지 않는 사람에 해당하겠죠. 그래서 자공을 높게 평가하지 않았다고 생각해요. 하지만 안회처럼 곳간이 비어 가는데도 예를 지키고 벼슬에 욕심내지 않는 건, 공자 자신도 하기 힘들었던 거예요.

사장님께서 언급하신 공자의 말은 《논어》 '헌문' 편에 나오는 '빈이무원난 부이무교이(貧而無怨難 富而無驕易)'라는 구절이다. 이

부분과 관련해서는 아니었는데, 미팅 중에 내가 기업인으로서 은퇴하신 아버지의 친구분에 관한 이야기를 꺼냈었다. 아버지의 학창시절 친구분들은 대부분 교사이신데 반해, 애경 그룹의 사장 자리에까지 오르셨던 한 분이 계신다. 어려서부터 부모님께 전해 듣는 이 아저씨의 이미지는 항상 신사였다. 아버지께서 투병 중일 땐, 대신 입원비를 내주고 가실 때도 있었고….

《그로부터 20년 후》에 '친구'와 관련한 주제로 적어 넣기도 했던 일화인데, 아버지 장례식에서 엄마에게 '내 친구 끝까지 지켜줘서 고맙습니다'라고 말씀하셨다던 친구분이 이 아저씨다. 돈이 그 사람의 인격까지 대변하는 자본의 시대라곤 하지만, 이런 경우는 '품격'이라고 표현할 수도 있지 않을까? 공자의 눈에는 충분하지 않았겠지만, 도움을 입은 입장에서는 안회의 청빈보단 자공의 베풂이 피부로 와 닿는 품격이었는지도 모를 일이다.

사장님   그러니까 가난은 그만큼 어려운 문제죠. 공자는 부유하면서 교만한 걸 최악이라고 본 거예요. 저도 그렇게 생각해요. 부유하면서 남을 배려하지 못하는 건 훨씬 더 나쁜 거예요. 사실 부로써 베푸는 배려는 쉽게 할 수 있는 일이거든요. 가난하면서 원망하는 경우는 보통 사람은 다 그래요. 며칠만 밥 굶어 보세요. 당장에 앞이 보이지 않는데….
그것에 대해서 사회적으로 안전망을 어떻게 만들 것인가에 대한 대책도 시급하죠. 옛날과 같은 복리제도가 아니라, 기본 소득의 문제서부터 심각하게 고민을 해야 돼요. 인간으로서 최소한의 존엄성을 유지할 수 있는 제도에 대해서 사회가 훨씬 더 공감해야 한다고 봐요. 최저임금 문제를 말하는 것이 아니라, 아예 기본소득에 대해서 말이죠. 최저임금은 일할 수 있고 젊은 사람들의 문제이지만, 일을 할 수 없거나 일할 수 없는 환경에 내몰린 사람들도 있잖아요. 그런 사람들은 어떻게 할 거냐 말이죠.

워렌 버핏이 기부를 많이 하는 이유도 시장 경제 체제를 유지하기 위해서라지 않던가. 어딘가에서 소비가 활발히 이루어져야 자본가들도 돈을 더 벌 수 있는 것이다. 가난한 시절에는 성장률이 매년 오를 수 있어도, 이미 성장을 할 만큼 한 나라에서는 성장률이 둔화되기 마련이다. 유럽이 그토록 복지와 그와 관련한 사회 인프라에 신경을 쓰는 이유는 분배의 공정성 차원만은 아니다. 모든 국민들에게서 최소한의 소비가 가능해야 시장에 돈이 돌 것이 아닌가. 이제 우리나라도 복지를 그런 자본주의적 관점으로 접근해야 하지 않을까 싶다. 너무 포퓰리즘으로만 몰아붙일 게 아니라….

자본은 본질에 앞선다

2할의 기적

지금은 어떻게 되었나 싶어 검색을 해보려는 순간, 그 회사 이름이 어렴풋하게만 맴돌 뿐 정확히 기억나지가 않는다. 2000년 대 초반에 명지대학교의 벤처 동아리 멤버들끼리 창업을 했었다. 업종은 벨소리 다운로드, 당시만 해도 16화음이 최첨단이던 시절이라, 멜로디를 직접 입력해야 했다. 그래서 직원들의 책상마다 작은 건반이 놓여져 있었던…. 내가 이 사무실 풍경을 어찌 기억하고 있는가 하면, 내 고등학교 친구놈이 창업 멤버였기 때문이다.

지금이야 그런 시절이 있었나 싶을 정도로 먼 이야기가 되어 버렸지만, 지금의 상식이 아직은 상식이 아니던 시절에는 그 시대차 사이에서 차익을 내던 사업들이 있었다. 32화음을 겪을 때까지만 해도 각 회사마다 나름의 편곡으로 벨소리를 제공했다. 그런데 64 화음을 거쳐 원곡이 아예 통으로 들어가게 되는 시점까지 불과 1년이 걸리지 않았던 것 같다. 다운로드 받은 음원 자체가 벨소리로 전환되면 음원 회사들이 그 서비스를 하면 되는 일이지, 벨소리 서비스 회사들이 따로 존재해야 할 이유가 없는 것이다.

그 시절에도 하루가 다르게 변하는 모바일의 생태를 주시해야 한다는 슬로건이 각 회사의 사훈일 정도였다. 그런데 점점 가속이 붙어 버리는 변화의 속도가 대안의 준비도를 앞서기 시작한 시기가 이때이기도 하다. 그 시절에 잘 나가던 핸드폰 제조회사 중에 지금까지 그 명성을 유지하고 있는 회사가 얼마나 되던가. 그런 것 보면 삼성과 LG가 기특한 경우이다. 그러나 나머지 회사들이 시대에 뒤쳐진 기획만을 고집하다가 저렇게 된 것이겠는가?

사장님께서 몸담고 계신 회사의 경우에도, 꼭 예측을 잘 해서 좋은 성과를 거두는 건 아니란다. 그 정도까지 대박일 줄은 모르고 도전했던 영역이 시대의 흐름과 맞물려 예상 외의 성과를 올린 경우가 있는 반면, 예상치 못한 대박을 낸 사업이 어느 순간부터 사양길로 접어드는 것을 지켜볼 수밖에 없었던 경우도 있다고…. 기존의 데이터에 근거하는 사업들은 예측이 그다지 어렵지 않은 반면, 현상 유지를 하는 정도의 종목이다. 그렇게 큰 손해도 없지만 그렇다고 큰 반등을 기대할 수도 없다. 불확실성을 안고 도전하는 영역에서는, 막대한 자본력과 유능한 재원으로도 실패하는 경우가 다반사란다.

대표님   사장님께서 큰 회사를 이끌어 가면서, 이 사업은 된다 안 된다의 그 기준이란 게 있을 거 아니에요. 스스로 판단할 수 있는 기준, 그 기준이 뭘까요?

사장님   일단은 팩트를 다 확인하죠. 이 사업이 되고 안 되고를 정하는 게 무엇인가? 그런 요소들이 무엇인지를 찾아내는 게 우선이고요. 그 사업의 핵심이 무엇인지를 보고서 결정할 수밖에 없죠. 벤처에 투자할 때는, 벤처 하는 사람이 어떤 생각을 가진 사람이냐를 보고 판단해요. 왜냐하면 사람이 하는 일이기 때문에, 내가 그 사업에 대해 잘 알면 내가 결정하면 되고, 내가 그 사업에 대해 잘 모르면 그 사람을 믿을 수 있어야 하는 거죠. 사람도 잘 모르겠다 하면, 투자 규모가 내가 견뎌 낼 수 있는 리스크인가를 살펴야죠. 몇 억이 없어진다고 회사 망하냐? 그럼 한번 해보자! 이런 판단으로 할 수 있는 거죠. 그런데 그게 아니라 1조 규모이면 섣부른 판단으로는 큰일이 나니까요. 못 하는 거죠.

셋 중에 하나는 되어야죠. 비즈니스에 내가 상당히 정통하거나, 아니면 그 사람에 대해서 잘 알고 있거나, 아니면 그 리스크가 내가 충분히 감내할 수 있거나…. 이전에 하던 비즈니스를 확장하는 경우에는 대개 잘 알죠. 예를 들어 기름 장사를 하다가 주유소를 산다, 이러면 크게 성공하지도 않지만 크게 실패하지도 않죠. 그런데 크게 성공한다는 건 예상치 못한 일이 발생한 거잖아요?

물론 시장조사를 통해 예측하기 쉬운 경우도 있지만, 예측하기 어려운 경우도 굉장히 많습니다. 리서치를 해보면 고객들은 원하는 것을 이야기하지만, 또 그건 당위에 대한 것이고, 막상 출시가 되면 또 안 사는 경우들도 많거든요. 이런 상품은 안 팔리겠다 싶었는데, 팔리는 경우도 있고요. 기존 제품의 연속선상에 있는 새 모델은 그렇게 위험하지 않아요. 고객들 반응도 거의 예상에서 벗어나지 않고요. 전혀 새로운 신규 사업에 대한 예상이 어려운 거죠. 제가 알기로는 스티브 잡스 같은 사람은 시장조사를 안 했다고 해요. 그가 지닌 본능과 직관 그리고 감각 같은, 말로 설명할 수 없는 역량이 있는 거죠.

내 학창시절에는 아직 본격적인 PC의 시대는 아니었지만, 컴퓨터 공학과가 한창 주가를 올리고 있었고, 관련 학과의 미래는 무척이나 밝아 보이는 듯했다. 대학에 입학할 때까지만 해도 구내 문구점에서는 레포트 용지라는 것을 팔았다. 그러나 이미 PC방 개념이란 게 생겨나기 시작하던 때이기도 하다. 컴퓨터 공학과에 진학한 친구들이 군대에 다녀와서 복학을 했을 즈음에는 이미 '스타 크래 프트'가 전국을 휩쓸었다. 컴퓨터가 이젠 전공의 문제가 아닌 기초 소양이 되어 버린, 이미 컴퓨터가 보편화된 시대의 역설은, 컴퓨터 전공이 그렇게 메리트가 되지도 못한다는 사실이었다.

장하준 교수는 컴퓨터보다도 세탁기의 발명이 더 많은 시간의 변화를 초래했다고 말한다. 손빨래의 경험이 있는 이들은 이 말이 무슨 의미인지를 금세 공감할 것이다. 손빨래가 여간 시간을 잡아 먹는 게 아니다. 그런데 이미 세탁기와 컴퓨터의 구분이 무의미해 진 사물인터넷 시대로 접어들었다. 변화가 상식을 주도할 만큼, 변 화의 속도가 빠른 시대에는 추억도 대량생산이 된다. 한 달이 멀다 하고 새로이 생성되는 현재는, 그것이 '없었던 시절'을 양산해 내 고 있다. 때문에 우리는 항상, 앞으로 무엇이 일어날 수 있을지에 대한 예측이 쉽지는 않은 잠정적 현재를 살아갈 뿐이다.

대표님   그런 느낌인 것 같아요. 출판사에서 혜민 스님의 책을 내는 경우에는, 이게 팔릴까 안 팔릴까를 고민하진 않죠. 얼마나 팔릴까가 관건이지. 그러나 시장이 확보되지 않은 작가의 경우는, 과연 이 책이 팔릴까 안 팔릴까에 대해서 사실 감 이 잘 안 오는 거죠.

한창 아들러 심리학과 관련한 《미움받을 용기》가 베스트셀러였

<플렛폼>, 40.9x53cm, oil on canvas, 2015.

던 해에는 아들러를 전면에 내세운 책들과 '미움받을 용기'의 제목을 패러디한 책들이 우후죽순으로 쏟아져 나왔다. 서점가에서 이런 '관행'은 늘 있어 왔으며, 이것이 히트 상품의 연속선상에서의 전략이라는 논리이기도 하다. 어떤 책이 팔린다 싶으면 곧 바로 그 아류의 텍스트들을 준비하는 것이 그 출판사의 정체성인 경우도 있다. 제목의 작법 또한 그러하다. 그 비슷한 뉘앙스의 제목으로 붙여야 팔린다는 인식이 있는 편이다.

그래서 시장이 확보되지 않은 작가들은 자신이 쓴 책의 제목을 자신이 원하고 바라는 대로 붙일 수가 없다. 출판사와의 조율을 거쳐서 결국 출판사의 의도대로 책의 제목이 붙어 나오기 마련이다. 내 경우엔 그냥 책의 내용에 충실한 문구를 내세우는 편인데, 돌아오는 반응은 '절실하지가 않다', '임팩트가 없다'일 때가 있었다. 그런데 그 절실한 임팩트로 출간된 제목도 저 스스로를 해명하지 못한 경우가 있었고, 물론 내가 주장한 제목이 붙어 출간되었다 한들 그 결과가 어땠을지는 또 모를 일이었고….

사장님께서 우연적 요소에 대해서 자주 말씀하시는 것도 그런 이유이겠지만, 나만 열심히 한다고 해서 뭐가 되는 게 아니다. 그런 성실함이야 기본적으로 갖추고 있어야 하는 덕목이고, 그 미덕 위에 합이 맞아 돌아가는 어떤 계기가 주어지는 경우에 빛을 발하는 것이다. 서정주 시인이었던가? 시인을 키운 건 8할이 바람이었다고…. 사장님께서는 그 8할을 우연적 사건으로 말씀하신다.

우리 시대의 역설

실상 출판사 대표님과 술 한잔 기울이면서 자주 나누는 이야기가 그 8할에 대해서이기도 하다. 요즘에는 진인사대천명(盡人事待天命)이란 말에 대한 해석을 달리 해보기도 한다. 알 수 없는 내일 앞에서, 내 지금의 지평으로 가능할 수 있는 것에 사력을 다할 뿐이다. 숱하게 경험해 왔듯 이번에도 그것만으로는 충분하지 않을지 모른다. 그러나 이전에는 매번 빗겨 갔으니 이번에는 분명 어떤 우연적 사건이 기다리고 있을 것이라는 믿음으로, 그 사건을 사연으로 전환시킬 수 있도록 오늘의 이야기를 성실히 살아가는 것. 그것이 우리가 지닌 2할로 행하는 진인사(盡人事)의 최대치이지 않을까?

지옥 안의 천국

민이언 《논어》를 언급하셔서 떠올려 본 구절인데, 공자가 그런 말을 하잖아요? 돈이란 게 작정한다고 해서 벌 수 있는 거라면 자신은 말을 모는 천한 일이라도 하겠다고…. 그렇지 않을 바에는 그냥 자신이 좋아하는 걸 하겠노라고…. 이 구절이 사장님께서 말씀하신 운과도 맥이 닿는 것 같아요.

내가 말한 《논어》 구절은 다음과 같다.

富而可求也 雖執鞭之士吾亦爲之 如不可求 從吾所好

(부이가구야 수집편지사오역위지 여불가구 종오소호)

富라는 것이 갈망해서 될 수 있는 일이라면, 나는 말채찍을 잡는 천한 일이라도 할 것이다. 그렇지 않을진대, 나는 내가 좋아하는 일을 할 것이다.

사장님　공자가 자공을 못마땅해했던 게, 공자는 돈은 그쯤이면 됐다고 말하는데도, 자공은 늘 예측이 적중해 가지고 계속 돈을 벌어들이죠. 오늘날의 경우로 말하자면 자공은 무역을 한 거예요. 이 나라에서 싼 물건을 매입해서 저 나라에 팔고 하는⋯. 공자가 자공의 그런 수완을 못마땅해하면서도 그 재능은 인정하는 구절이 있잖아요. 어찌 보면 공자는 자신이 자공 같은 삶을 살 수 없다고 생각했던 것 같아요. 자기 삶에 돈은 없다고 판단한 거죠.

민이언　뭔가 기획을 할 때도, 돈에 관한 걱정이 기획 자체를 끌고 가는 경우가 있거든요. 이를테면 책 제목을 정하는 일에서부터, 어느 독자층을 타깃으로 할 것이냐를 따지다 보면, 제가 쓰고 싶은 글보다는 독자들이 많이 집어 든다는 스타일로 제안받는 경우가 있거든요. 이 내용으로 해서 돈이 될까, 이 제목으로 해서 돈이 될까 하는 고민의 와중에,

226　　　　　　　　　　　　　　　　　　　　우리 시대의 역설

《논어》의 그 구절이나 돈에서 마음을 놓아야 한다는 이런 저런 격언들을 상기해 보다가도, 나중에 가선 원점의 고민 으로 다시 되돌아오게 되는 경우가 적지 않고….

대표님   출판사들이 문화적인 가치를 전면에 내세우지만, 제가 보기엔 결국 그 모두가 상업출판이거든요. 문화사업을 한다고 해서 상업출판이 아니라고 하는 건, 돈을 벌지 않겠다는 이야기인데, 일단 말이 안 된다고 봐요. 자본의 논리에 희석되지 않고 우리만의 문화적 가치를 추구하겠다? 듣기에는 좋은 이야기이긴 한데 그 안으로 들어가 보면 그렇지 않거든요. 문화산업에 돈 이야기가 나오면, 어떤 취지가 돈과 결부되면, 속물근성으로 비춰지고 다 뭔가 가치 하락이 되어 버리는 거예요.

사장님   제 생각에는 그렇습니다. 돈이 안 되는 걸 의도적으로 해서 돈이 되는 경우는 잘 없다고 봅니다. 돈을 안 벌라고 발악을 하는데 돈이 벌릴 리는 없죠. 예상하는 적당한 수입 정도는 발생하도록 노력해야 된다고 봅니다. 그렇지만 이걸 위해서 본질을 바꾸게 되면, 돈도 잃고 본질도 잃는다고 생각해요. 예를 들어 내가 이 책을 써야 할 이유와 그것이 담고 있는 메시지를 잃지 않으면서도, 많은 독자들이 공감할 수 있도록 적당량이 판매되어야 책으로서의 의미가 있잖아요. 두 가지를 양립시키기 위해서 노력하는 건 되지만, 이렇게 쓰면 독자들이 외면할 것 같아서 다른 식으로 쓴다면, 독자들은 금방 알아본다고 봐요. 결국엔 진실성이 결여된 글이 되고, 글도 잃고 나도 잃고 책도 잃고 돈도 잃고 다잃는다는 거죠.

대표님 정확한 지적이신 것 같아요. 돈이 본질을 바꿔서는 안 된다. 실제적으로 돈이 본질을 바꾸는 경우가 많이 있거든요. 그런데 그렇게 해서 또 돈이 잘 벌리는 것도 아니고….

사장님 자꾸 돈을 따라서 의사결정을 하다 보면, 원망이 많아져요. 돈을 따라다니는 식의 삶은 별로 안 좋아요. 왜냐하면 돈이라는 게 자기 통제성이 약하잖아요. 내가 통제할 수 있는 게 아니거든요. 돈이라는 건 사회 모든 사람들이 추구하는 가치이고 목표이기 때문에 내 뜻대로 잘 안 되는 거예요. 자기 삶에 있어서 상당한 부분을 자기가 통제할 수 있는 것에 두는 것이 행복한 삶 같아요. 예를 들면 공부나 운동 같은 건 사실 상당 부분 외부환경에 영향을 받기도 하지만서도, 내가 하면 되는 거잖아요. 내 삶의 한 50% 정도는 이렇게 내가 통제 가능한 것들로 채우고…. 그 이외에 명예라든

<지하철역>, 45.5x91cm, oil on canvas, 2014.

지 돈이라든지 하는 것들은 어차피 잘 통제가 안 돼요. 그
건 남들도 원하는 것들이잖아요. 그것들이 갖추어져야 내
가 잘 되는 것이라고 생각하면, 굉장히 힘들어지는 거죠.
타자로부터 많은 영향을 받게 되는, 스스로 통제가 가능하
지 않은 것을 1순위에 두는 게 좋은 방법 같진 않아요.

  '타인은 지옥'이라는 사르트르의 유명한 어록은, 타인은 내 의
지로 어찌해 볼 수 없는 통제 불가능의 영역이란 함의이다. 반복하
는 이야기지만 내 성실과 진심만으로 반드시 뭐가 되는 것도 아니
다. 그 모두가 최선으로 달려드는 경쟁에서, 최선을 다하는 모두가
돈을 버는 것도 아니지 않던가. 그렇다고 사회적 존재들이 그 통제
불가능한 영역을 포기할 수도 없는 터, 돈에 관해서나 관계에 있어
서나, 어차피 '천국'도 결국 그 지옥에서 찾아내야 하는 성격이다.
  돈을 잘 벌 수 있는 필연적 방법이란 게 있다면, 돈을 잘 버는 방
법을 알려 주겠다는 서점가들의 지침서들은 다 잘 팔려야 하지 않
겠는가? 그런데 분명 1권의 히트 옆으로 사장되는 9권이 있다는
거. 돈을 잘 버는 방법을 담고 있다면서도 저 자신의 판매량은 증
명하지 못하는 상품이라면 그도 자기모순 아닌가? 거의 운명공동
체로서 함께 가고 있는 다반 출판사이다 보니, 굳이 내 책이 아니
더라도, 출판사에서 출간되는 모든 책들의 판매에 관한 이야기를
대표님과 나누는 편이다. 어차피 장담할 수 없고 확신할 수 없는

시장이라면, 내용에 충실한 제목과 문구들로 하자는 방향성으로 마지막 술잔을 비우다가도, 또 막상 출간의 시기에 임박해서는 또 천국과 지옥 사이의 불확정성 안에서 흔들리기 일쑤이다.

대표님   제가 이 사업을 하면서, 주변에서 가장 듣는 말이, 니가 돈을 쫓아가지 말고, 돈이 너를 따라오게 해야 된다는 거예요. 그런데 저도 그런 품격 있는 삶의 조언들을 모르는 건 아니거든요. 그만큼 모두가 알고 있지만, 또 실행에 옮긴다는 것이 결코 쉽지 않은 가치인 것 같기도 합니다. 일의 목적이 상당 부분 자아실현이나 뭐 그런 것도 있지만, 무엇보다 경제적으로 안정감을 확보하는 문제가 중요하다 보니, 또 온전히 내려놓기만도 힘든 게 사실이에요.

사장님   《스케일(Scale)》이라는 책에 나오는 이야기인데, 수학적으로 따져 보면 대기업이 30년밖에 안 간다는 거예요. 부(富)도 마찬가지인 것 같아요. 인생의 부침이 있어서, 큰 성공을 거두고 오만해져서 망하거나, 아니면 너무 겁을 먹어서 소멸되거나…. 우리나라 대기업 중에도 전혀 모험을 하지 않아서 소멸된 경우도 많아요. 인생도 비슷한 것 같아요. 돈이라는 건 운이 나쁘면 언제든지 한 방에 갈 수 있는 성격이거든요. 돈을 보조적인 가치로서 택하고, 다른 인생의 목표를 정하는 것도 중요하다고 봐요.

돈을 벌려고 하는 사람들은 돈을 못 벌어요. 왜냐하면 돈을 벌겠다고 혈안이 되는 순간, 자기 장점도 안 보이고, 고객도 안 보이고, 오로지 돈만 보이니 그래선 성공할 수가 없죠. 생각처럼 잘 안 되니, 지치고 괴롭고 일도 재미없어지는 거죠. 지금 세계 10위 안에 있는 기업들 자세히 보세요. 돈 벌라고 했던 사람들은 별로 없어요. 그 일이 좋아서 했고, 운이 좋아서 돈이 따라온 경우이지. 돈을 아주 잊을 수야 없겠지만, 운전에 비유하자면 백미러 보는 정도만 보면 되는 거예요. 자기가 잘하는 것, 좋아하는 것, 그리고 고객을 보면서 나아가되 가끔 옆에서 달리는 경쟁업체도 보고, 가끔 백미러로 돈을 봐야 되는데, 거의 백미러만 보고 운전하면 사고 난다고 봐야죠.

젊은 세대들이 너무 돈을 갈구해도, 상당한 운이 따르지 않으면 큰돈은 못 법니다. 그렇다면 차라리 자기 욕망에 따라 자기 하고 싶은 걸 하면 좋겠다는 게 제 생각이에요. 그것이 업하고 연결되면 더욱 좋겠고…. 돈의 노예가 되지 않는 건 정말 어렵기도 하겠지만, 자본의 논리에 굴복하지 않는 건 굉장히 중요한 가치 같아요.

우리 시대의 역설

실력과 노력으로 성공했다는 당신에게

점을 보는 이유

대표님　《주역》을 공부한 입장으로서는 어떻게 생각하세요?

　사장님과 목적론적 오류에 관한 이야기를 나누던 중에 대표님이 내 쪽을 바라보며 던진 질문이었다. 그런데 사장님께서도《주역》을 공부하신 입장이다.《어린 왕자, 우리가 잃어버린 이야기》의 프롤로그에도 적어 놓았지만, 한남동의 어느 고깃집에서 사장님과 처음 뵈었던 날, 들뢰즈와 라캉에 관한 이야기에 잇대어진 주제가《주역》이기도 했다. 하여 대표님의 질문은 사장님께 토스를….

사장님　《주역》에 대해 그렇게 이야기하거든요. 이런저런 상황에 직면했을 적에 어떤 일이 생기는지를 연구해서 축적된 노하우를 써놓은 글이고, 그 글이 너무 오픈 텍스트라서 해석이 다양할 수 있다는 거죠. 《주역》을 늘 읽었던 사람 중에 점을 쳤던 경우가 있고, 점을 치지 않은 경우가 있어요. 예를 들어 이순신 장군은 점을 굉장히 많이 쳤고, 정약용은 점을 안 치죠. 왜 점을 안 치느냐? 점을 안 쳐도 무슨 괘의 몇 번째 효라는 포지셔닝을 딱 아는 거예요. 《주역》의 점은 인간으로서 모든 노력을 다 했는데도, 정말 이건 애매하고 결정을 못 하겠는 사안에, 최후의 수단으로 어쩔 수 없이 꺼내 드는 거죠.

우선 점(占)이란 한자를 살펴보자면, 태곳적에 점을 치던 방법에서 유래한다. 거북이의 배껍질을 달군 나무로 지져서 그 열로 인해 껍질에 금이 간 쪽에 걸어 둔 결정을 택하는 방식이었다. 그러니까 가부(可否)를 결정하는 정도였던 것. 이는 《주역》도 마찬가지다. 《주역》에는 동쪽으로 가면 귀인을 만날 것이라는 둥, 일찍 결혼하면 이별수가 있다는 둥의 구절이 적혀 있는 게 아니다. 또한 세상을 설명하는 문법이 오늘날과는 달랐기에, 그 표현의 시대차도 감안을 해야 할 문제이다. 그러나 모든 걸 감안해도 결국엔 그 해석이 애매한 구절들이며, 상황의 길(吉)과 불길(不吉)을 권고하는 정도이지, 어떤 구체적인 해법을 제시하는 텍스트는 아니다.

<비 내리는 거리>, 70x162.2cm, oil on canvas, 2017.

생활비를 버는 법을 배웠지만, 어떻게 살 것인가는 잊어버렸다

공자가《주역》을 엮은 끈이 세 번이 끊어지도록 읽고 또 읽었다는 일화는 고사성어로 인용될 정도로 유명하지만, 정작 공자 자신은 운명에 대해서는 말을 아꼈다(子罕言利與命與仁). 공자는 알 수 없는 것들에 대해서 알려고 하는 노력들을 향하여, 알고 있다고 생각하는 것은 정말 다 알고 있는가에 대해서 되묻는다. 같은 맥락에서, 어찌할 수 없는 것들은 정말로 어찌할 수 없는 일이겠지만, 어찌할 수 있는 것들에는 정말 최선을 다해 어찌하고 있는가를 되묻는다.《주역》에 대한 공자의 태도 역시, 기미와 조짐을 미리 헤아리고서 어찌할 수 있는 것들부터 최선을 다해 어찌해 본다는 의미가 더 크다. 하여 순자(荀子)가 이르길,《주역(周易)》에 통달한 자들은 점괘를 뽑지 않는다. 조짐을 미리 살피고 해당하는 괘의 페이지를 참조해 볼 뿐이다.

사장님 정약용 같은 경우는 자기 앞에 놓인 삶이 뻔했던 거예요. 몸부림쳐 봐야 더 이상 어찌해 볼 수 없는 정치적 상황이었고…. 그러니까 운명을 편하게 받아들이고서, 자신이 할 수 있는 걸 한 거죠. 그래서《주역》으로 점을 치기보단,《주역》에 관한 해설서를 비롯해서 그 방대한 양의 집필에 몰두할 수도 있었을 테고요. 그에 비해 이순신 장군이 점을 본 것은, 긴박한 전시상황이었기 때문이죠. 적의 전략을 알 수 없는 상황에서 본인의 선택이 어떤 결과를 초래할지도

우리 시대의 역설

알 수 없는 상황이었던 거잖아요.

왜 점을 보는 줄 아세요? 인간은 자신이 믿고 싶을 걸 믿어요. 그래서 더 나쁜 결정을 해요. 확률보다 더 나쁜 거예요. 게다가 《주역》의 점괘는 대부분 상당히 진중하게 행동하도록 되어 있어요. 저도 굉장히 어려울 때는 점을 봐요. 그런데 꽤 도움이 돼요. 상황이 안 좋을 때면, 마음속으로 막 좋은 시나리오를 그려서 그걸 믿으려고 하는 경향이 있거든요. 그런데 그런 일은 잘 안 생기잖아요. 점괘에 대한 해석은 대체로 중용(中庸)의 성격이다 보니, 치우친 결정과 행동을 자제하는 데 도움이 돼죠.

학부시절의 어느 해 대동제 때, 과 후배들과 함께 돈벌이를 해볼 요량으로 사주팔자 공부를 한 적이 있었다. 물론 전문적인 소양까지는 아니었지만, 대동제 기간에 맞추어 관련 저서들을 '빡세게' 열람했던…. 그리고 하도 일이 풀리지 않았던 시기에, 내 운을 바꿀 수 있는 방법인가 싶어서, 이기동 교수가 저술한 해설서들로 《주역》을 공부했다. 하지만 지금껏 사장님이 말씀하신 점의 유용함에 대해서는 생각해 본 적이 없었다. 꼭 《주역》의 경우가 아니더라도 어떤 점술이든 간에, 점을 본다는 건 미래를 내다보고자 하는 호기심에서이기도 하지만, 자신의 신념에만 치우치는 결정을 내리지 않기 위함인지도 모르겠다. 우리에게 좀처럼 새로운 내일이 다가오지 않는 이유는, 내 생각이 맞을 것 같다는 아집을 덜어 내지 못하기 때문이기도 하지 않던가.

물론 사장님과의 대화가 점술을 권고하는 것도 아니거니와, 또 확률만으로 살아갈 수 인생인 것도 아니다. 그러나 아무런 근거도 없이, 그저 직관이란 명분으로, 자신의 생각대로 하면 뭐가 될 듯 밀어붙이는 그 아집만큼이나 미신적인 신념도 없다는…. 기껏 동전을 던지고 난 뒤에도 계속 고심을 하다가 결국 자기 하고 싶은 대로 하고야 마는 인간인 터, 그럴 걸 동전을 뭣하러 던진 것일까? 무속인과 역술인 앞에서도 우리가 듣고 싶은 말에만 '용하다'는 찬사를 아끼지 않는 인간인 터, 점괘를 따르는 것도 아무에게서 가능한 행위는 아니다.

거꾸로 쓰여진 신화

대표님 제가 1인 출판사를 하면서 주변에서 많이 듣는 이야기가 매몰비용이냐 임계점이냐에 관한 것이에요. 상당히 상반된 성격이죠. 그런데 그건 회사 직원들도 마찬가지겠죠. 이직한 직원분의 사례를 언급하셨을 때도, 조금만 더 기다렸으면 팀장 발령이 날 것 같았는데 하는 말씀을 하셨잖아요. 그분 입장에서도 거의 임계점에 다다른 상황이라 조금만 더 있으면 될 것 같기도 하고, 반면에 지금까지의 매몰비용이 아까워서 계속 버티고 있는 게 아닐까 싶고, 차라리 좋은 제안이 들어왔을 때 빨리 옮기는 게 더 나을 수도 있겠다는 생각도 들었을 거란 말이죠.

서도 늘 그런 말을 들어요. 지금까지 했는데 그 정도면 그 일로는 돈을 못 버는 거라고, 매몰비용이 아까워서 버티고 있는 것일 뿐이지, 빨리 다른 일을 알아보는 게 더 나을 거라고, 이렇게 충고하는 사람들이 있어요. 반면에 또 어떤 사람들은, 99°C까지 왔다고 조금만 더 있으면 끓어넘칠 거라고 격려하는 사람들도 있어요.

한 회사의 직원으로서도 마찬가지일 테고, 또 개인사업을 하는 입장에서도 참 선택하기가 어려운 문제잖아요. 어떤 사람에게든 이런 선택을 해야 하는 순간이 온단 말이죠. 이게 임계점에 다다르고 있는 건지, 아니면 침몰하고 있는 배에서 매몰비용이 아까워서 버티고 있는 건지. 그런 문제에 어떻게 판단을 해야 좋을지를 모르겠는 거죠.

사장님 제가 보기에는 알 수 없는 일 같아요. 그때 정리하길 잘했다, 혹은 그때 더 했어야 한다, 사후적으로 그런 이야기를 할 수는 있겠죠. 모든 신화는 다 사후적으로 소급이 되어서 작성된 것들이에요. 한때 우리가 잭 웰치를 경영의 신이라고 추앙했잖아요. 그런데 지금은 그 지위가 안 좋아지고 다우존스 지수에서 빠지고 하니, 이제는 이 모든 것이 젝 웰치 때문에 생긴 것이라는 이야기를 하고 있으니까요.

사장님께서 갑자기 자리에서 일어나 집무실로 들어가시더니, 《Good to Great》(번역서 : 좋은 기업을 넘어, 위대한 기업으로)라는 책을 가지고 나오셨다.

사장님 저도 확인해 보고 싶은 게 있어서 몇 번 찾아봐야지 하다가 깜빡하곤 했는데…. 이게 세계적인 베스트셀러 아니었습니까? 우리나라에서도 2002년도에 1쇄 발행하고 2015년에 100쇄를 찍었어요. 세계 경영학사에서도 어마어마한 책이에요. 지금 이 책에서 위대한 기업이라고 말하고 있는 회사들이 현재도 여전히 위대할까요? 여기 언급된 회사들의 주식을 제가 나중에 다 체크해 보긴 할 텐데, 지금은 아무 회사도 아닌 경우도 있어요. 그 이후에 별로 성장하지 못한 회사들도 많고요. 어느 시절이건 그 시기에 확 성장하는 회사들은 있기 마련이잖아요. 물론 그 CEO가 있어서 조금 더 가산점을 받을 수는 있겠지만, 대부분의 경우는 환경적인 요인이에요. 똑같은 조건에도 실패를 한 경우들이 있는데, 그건 배제하고 성공의 사례들만 거꾸로 소급해서 마치 필수인 것처럼 적어 넣은 것이라는 거죠.

다음은 사장님께서 하신 말씀인데, 대화체로 쓰기엔 다소 길고, 꽤나 재미있는 내용이라 축약을 하기도 그래서, 그냥 지문형식으로 적어 내린다.

70년대 초만 해도 미국의 오토바이 시장은 영국 회사들이 50%를 장악했었다고 한다. 그런데 불과 10년 만에 혼다 판이 되어 버린다. 도대체 혼다가 어떻게 성공을 거둘 수 있었던 것일까? 그 성공전략을 분석한 이들이 있었고, 혼다의 전략이 상당히 스마트했다는 결론을 내린다. 당시 미국은 대형오토바이 중심의 시장이었는데, 혼다는 소형오토바이를 저가로 공략해서 대성공을 거둔 것이었다고…. 이 일화는 많은 비지니스 스쿨에서 성공신화의 모범으로 회자된다.

그러나 정말로 혼다가 그런 전략을 의도했는가에 대해 의문을 품은 몇몇 경영학자들이, 탐문 과정에서 당시 미국 시장에 진출했었던 혼다 직원을 찾아가 인터뷰를 했다. 실상 당시의 혼다는 미국에 들어갈 생각이 전혀 없었단다. 일본 내에서도 미국과 같은 어려운 시장에 왜 들어가느냐는 견해가 지배적이었다. 그런데 일본 통산성(通産省)에서 미국 시장을 개척해야 한다며 보조금을 잔뜩 지급해 준 것. 어떤 식으로든 그 돈을 써야 하는 기업 입장에서는 그 돈을 갖고서 무언가를 수출하긴 해야 했는데, 당시만 해도 혼다는 소형오토바이를 전문으로 만드는 회사였던 터라, 미국 시장에 내다 팔 게 그것밖에 없었다. 하지만 처음부터 그것을 팔 생각을 한 것도 아니었다.

마침 그때 혼다에서 출시한 대형오토바이가 있긴 있었기에, 달랑 직원 2명에서 그 대형오토바이 몇 백대를 가지고 미국 시장에 진출했다. 얼마 뒤 직원들이 본사로 보내온 연락은, 오토바이를 팔기는 팔았는데, 수리비용이 감당도 안 될뿐더러 부품도 없다는 하소연이었다. 일본인들 체형과 일본의 포장된 도로망에 맞춰 개발된 모델을, 미국 사람들의 맥도날드 체형으로 오프로드를 달리다 보니 금세 고장이 나고 말았던 것. 도저히 미국 시장에서의 '각'이 나오지 않아 이러지도 저러지도 못하고 있던 차에, 직원들이 출퇴근용으로 타고 다니던 소형오토바이를 눈여겨본 미국의 한 백화점이 있었다. 직원들은 그거라도 팔아 볼 요량으로 본사에 연락을 했고, 그것이 뜻하지 않은 대박을 길어 올렸다. 그러니까 애초부터 혼다가 그걸 상품으로 내세워 틈새시장을 노린 게 아니라, 예상치 못한 방향에서 치고 들어온 우연의 결과였다.

이렇게 혼다의 비하인드 스토리를 밝혀낸 경영학자들이, 혼다의 성공사례를 신화로 만들어 버린 이들에게 항의를 했다. 그들의 대답은, 그럼 경영학 보고서에 일단 직원 2명을 미국에 보내보라고 쓸 수는 없지 않았겠냐는 너스레였단다. 만약 혼다 직원들이 출퇴근용으로 사용하려고 가져갔던 그 소형오토바이라도 없었

우리 시대의 역설

다면, 또 그걸 유심히 지켜본 백화점 관계자가 없었다면, 그런 신화는 쓰여질 수 없었을 것이다. 그렇듯 성공의 서사에는 우연적이고 환경적인 요소들이 차지하는 지분도 적지 않다. 그러나 서점가의 한 매대를 채우는 성공의 담론들은 이 성공의 사례를 거꾸로 소급해 그들이 성공할 수밖에 없었던 필연의 이론으로 조합해 낸다.

사장님께서도 일에 있어서의 우연적 요소에 대해 많이 언급하시는 편이다. 당신이 그 자리에 오른 것도 상당 부분 운이 좋았거나 그렇게 의도하지 않은 결과였단다. 다른 계열사 CEO들의 면면을 보아도, 절반 정도는 원래부터 야망을 지니고 있었던 케이스이고, 절반 정도는 그냥 눈앞에 보이는 현안들과 씨름하다가 어느 순간 그 자리에 가 있게 된 케이스라고…. 입사 동기분들 중에 그런 야망을 지니고 있었던 이들이 얼마나 많았겠는가? 그 모두가 다 열심히 산 세월인데, 단지 된 경우들만을 거꾸로 소급해서 나머지 야망의 방법론들을 잘못된 경우로 결론짓는 것이 타당하겠냐 말이다. 그 야망과 합이 맞아 돌아간 혹은 그 합을 빗겨 간 숱한 우연이 있었던 것이다.

같은 맥락으로 사장님께서 자주 하시는 말씀은, 실패도 오로지 자신의 원인으로 실패하는 것이 아니라는 위로이다. 예상치 못한 불운이 따를 수도 있고, 구조적으로 발생할 수도 있는 일이니 너무 자신을 자책할 필요는 없다고…. 그런데 현대 사회는 너무 개인의 역량에만 책임을 지우고 있다며, 그에 영합하는 자기계발서와 자기경영서들의 목적론적 오류를 조금 안 좋아하는 성향이시기도 하다.

2014년 브라질 월드컵에서 독일이 준결승에서 브라질을 7대1로 이기고 올라가 끝내 월드컵을 거머쥐자, 한국 언론에서는 독일이 우승할 수밖에 없었던 요인들을 분석하기 시작했다. 불과 4년이 지난 2018년에 그 요인들이 사라진 것도 아닐 텐데, 이전 대회 우승팀 징크스를 깨지 못하고 예선 탈락. 우승할 수밖에 없었던 필연의 공식과 우승팀 징크스 중에 어떤 경우가 더 비합리적일까? 월드컵 무대에서 처음으로 16강에 들지 못한 충격의 와중에도, 모든 원인을 선수와 관계자들에게 돌리지 않는 독일 국민들은 그 정도의 합리성은 갖추고 있다.

어느 월드컵이건 우승팀에게 그런 '뒤돌아선 예언'들을 가할 준비가 된 언론들이 꽤 있을 게다. 경기 도중 발생하는 우연적 요소들에 발이 걸린 경우들도 분명 있을 테고, 우연적 요소에 힘입어 승리를 거둔 경우도 있을 텐데 말이다. 물론 우승 후보로서의 전력을 갖추는 건 기본 전제이고, 그에 덧대어진 운의 조합이 잘 맞은 팀이 우승을 하는 것이지, 우승의 필법을 가지고 우승을 할 것 같으면 도박사들이 왜 확률로 돈을 걸겠는가? 훌륭한 인프라를 갖춘 유럽 국가끼리 맞붙는 경우에도 그날의 우연이 승패를 좌우할 때가 있고, 전혀 다른 인프라가 맞붙은 경우에도 그날그날의 변수가 있기 마련이다. 우리도 약체로 평가되던 동남아 국가들한테 처참하게 발린 경기들이 꽤 있지 않은가.

철학자 베르그송의 유명한 비유가 있다. 멀찌감치에서 화장실 타일에 공을 던진다고 가정해 보자. 여간한 제구력이 아닌 이상엔, 선정한 타일을 정확히 맞추기가 쉽진 않을 것이다. 특정 타일을 맞추겠다는 의지는 어느 타일이 맞을지 모르는 확률 주변을 맴돈다. 그러나 공을 맞은 타일로부터 공의 궤적을 소급해 공을 던진 손에서 일어난 순간의 역학을 계산한다면, 그 타일 입장에서는 자신이 맞을 수밖에 없었던 필연의 사건인 셈이다. 여간한 자기계발과 자기경영의 담론이 이렇듯 거꾸로 뒤집힌 논리라는 것이다. 이걸 목적론적 오류라고 한다.

월드컵의 사례와 마찬가지로, 그 모두가 열심히 한다는 가정 하에서도 누군가는 되고 또 누군가는 되지 않는 것이 우리네 인생이다. 또한 열심히 하지 않은 놈이 행운을 얻게 되는 경우도 있는 세상사이기도 하고…. 같은 맥락에서, 그토록 열심히 산 당신이 만난 불운도 당신의 탓만은 아니라는 거. 자성의 목소리는 늘 함께해야 하겠지만, 자괴의 곡소리로 스스로를 너무 다그칠 필요도 없다.

사장님　알랭 드 보통도 그런 이야기를 하는데 성공과 실패는 상당 부분 운이 좌우하거든요. 그 운이라는 게 전혀 통제가 안 되는 상황이잖아요. 지금의 시절에는 그 불안도 더욱 커

<비 내리는 거리>, 60.6x72.7cm, oil on canvas, 2018.

<비 내리는 거리>, 40.9x31.8cm, oil on canvas, 2015.

생활비를 버는 법을 배웠지만, 어떻게 살 것인가는 잊어버렸다　　　　　**247**

진 거예요. 성공이 자기 노력에 비례한다면, 한 번은 안정이 되어야 하는데, 지금 안정이 안 되잖아요. 안정된 자리라는 게 하나도 없는 거예요. 예전에는 이 정도 왔으면 안정권이다 싶은 삶의 모습들이 있었는데, 이젠 이게 없어요. 어디에도 안정권이 없어요. 다 불안해요. 그리고 올라간 사람들은 자기가 얻은 직책과 권위라는 것이 상당 부분 운이라는 걸 다 알아요. 운으로 얻었으니 운이 나쁘면 다 잃을 수 있는 거잖아요. 위에 있는 사람도 불안하고 밑에 있는 사람도 불안하고 안정된 지위라는 게 없잖아요. 기표의 안정성이 극도로 불안해졌고, 사회적으로 다들 날카로워져 있다고 봅니다.

스타벅스 옆 맥도날드

사장님 지금 세상이 분배의 문제에 있어서 굉장히 안 좋은 상황인데, 제가 보기엔 큰 원인 중에 하나가 세계화로 인해 시장이 통합된 현상이에요. 가령 예전에는 동네마다 있는 빵집이 맛의 차이가 다소 있더라도, 더 맛있는 빵을 사러 멀리까지 가진 않죠. 그런데 지금은 동네마다 들어와 있는 파리바게트에 가서 빵을 사잖아요. 특별하게 맛있는 빵을 만

우리 시대의 역설

들 수 있는 레시피가 있으면 거기로 다 몰려가요. 2등은 필요가 없는 거예요. 그러니까 동네 빵집들이 경쟁력이 없어지는 거죠. 핸드폰 시장을 보면 LG전자도 잘 안 팔리잖아요. 삼성하고 중국 업체 몇 개하고 애플 정도 빼고는 다 적자예요. 그런데 애플에 디자인하는 직원이 몇 사람이나 있겠어요? 옛날 같으면 각 나라마다 핸드폰을 디자인하는 사람이 있었을 텐데, 지금은 그 사람들의 수요가 없는 거죠 알파고와 비슷한 소프트웨어가 있어 봐야 소용이 없는 거예요. 1위가 아니면 아무도 안 써요. 그러니까 부의 격차가 심해지는 거죠. 시장의 규모는 커진 반면, 자본의 집중도는 심해져서, 능력에 따른 급여의 극간도 점점 벌어지고…. 그런데 그 능력차라는 게 실상 아주 작은 차이예요. 시장이 하나로 통합되면서 경쟁자가 엄청 많아지고, 그렇게 준비되어 있는 사람이 글로벌 마켓으로 보면 한 10만 명 정도가 있는 거예요. 그렇다고 정말 월등히 나은 능력이 있는 사람이 선택되는 것도 아니에요. 비등비등한 능력들 사이에서의 선택이라면 상당 부분 운이 좌우하는 거죠. 그러니 내가 능력이 있다고 해서 성공을 장담할 수 있는 것도 아니고….

《Success and Luck》이라는 책이 있는데. 번역서 제목이 《실력과 노력으로 성공했다는 당신에게》인가 그래요. 이 책에서 말하는 바도 상당수가 운이라는 거예요. 그러니까 원래는 그 사람이 가질 몫이 아닌 것이었을 수도 있죠. 물론 성공한 사람이 노력하지 않았거나 실력이 없다는 이야기는 전혀 아니에요. 필요조건이긴 하죠. 그런데 그 사람만큼이나 실력 있고 노력했던 사람들은 꽤 많았다는 거죠. 젊은 친구들에게 말해 주고 싶은 건 그런 거예요. 능력이 있고 열심히 한다고 해서 꼭 성공하는 건 아니니까, 그런 거에 대해서 자책할 필요도 없다고….

현대의 지성들도 이런 '글로벌'의 가장 큰 문제점을 '단일화'로 지적한다. 지구촌이 가까워지고 서로의 모습에 익숙해지면서, 인류는 욕망의 체계가 같아지고 있다. '글로벌'이란 명분 아래, 너도 나도 다 허브도시를 욕망하며, 도시는 로컬의 개성을 잃어 간다. 던킨 도너츠 옆에 스타벅스와 맥도날드가 늘어선 거리의 풍경은 도쿄나 서울이나 별반 다르지 않다. 문제는 거대 자본이 잠식한 시장에서 영세업체가 경쟁은커녕 공존할 수 있을 대안도 마땅치 않다는 점이다.

예전에는 실업계 고등학교에서 제과제빵 기술을 익혀 나온 이들이 동네 빵집주인이 되었다. 요즘 같은 시절에 자신의 이름을 걸고 빵집을 내는 것이 어디 쉬운 일인가? 파리바게트와 견주어도 결코 뒤처지지 않는 자신만의 경쟁력을 갖추지 않으면 안 될뿐더러, 그것이 입소문이 날 때까지 임대료를 감당할 수 있어야 한다. 그렇지 않다면 파리바게트에 취업을 하거나 체인점을 운영하는 게 더 무난한 방법이다. 좋은 기술자들이 모여 있다 보니 확실히 파리바게트가 더 맛있기도 하다는 순환의 문제 속에서 제빵왕의 꿈은 더욱 요원해지는 것 같은 현실.

"치킨집 하면서 왜 목숨을 걸어?"

"··· 니가 소상공인 존나게 모르나 본데, 우린 다 목숨 걸고 해 시발로마!"

원고를 출판사로 넘기기 전, 마지막으로 한 번 다시 살펴보는 와중에 문득 떠오른 영화 <극한직업>의 한 장면. 곱씹어 보면 이 류승룡의 대사는 꽤나 페이소스가 묻어나는 경우 아닌가? 이 영화에서 '닭'이 지니는 상징성을 감안한다면, 소상공인에게는 거대자본과의 경쟁에서나 옆 가게와의 경쟁에서나 물러설 수 없는 치킨 게임이기도 하다. 저들에겐 열망의 가치를 좇으라는 말도 어쩌면 사치일지도 모르겠다.

유튜버가 유망한 직종으로 꼽힐 정도로 컨텐츠와 그 홍보의 루트가 다양해진 시절이라, 스타트업을 대안으로 혹은 기회로 판단한 많은 열망들이 몰리고 있다. 그러나 어느 분야에 이미 사람들이 몰리고 있다는 사실로부터 경쟁력을 의심해 봐야 할 일이다. 상위 몇 %만 살아남는 시장에 대한 철저한 조사 이후에 뛰어들 일이지, 그저 자기 직관에 대한 신념만으로 덤빌 게 아니다. 요즘은 스타트업도 체인점을 확장하는 방식으로 서로 경쟁인 마당에, 지금 외치고 있는 '유레카'를 어떤 신뢰도로 여기지는 말 것. 정말 돈이 될 만한 아이템이라면, 골목 상권까지 탈탈 터는 거대 자본들이 여지껏 그걸 가만 놓아두고 있을 리도 없지 않은가.

우리 시대의 역설

거대한 경제 주체

경제학과 경영학

사장님 물론 경영하는 사람들 모두 경제학을 배우기는 하죠. 경제
학은 거시적 관점에서 경제 주체 전반에 관심을 두는 영역
이라면, 그 경제 주체 중 하나인 기업이 어떻게 할 것인가
의 문제가 경영학의 관심이죠. 어떤 의미에서 보면 정반대
의 입장이에요. 경제학은 어떻게 하면 효율적으로 시장을
평평하게 만들 것인가에 관심을 두는 반면, 기업은 어떻게
든 기울어지게 만들어서 이익을 볼 건가가 관심사죠.

어찌 보면 경제학을 뒤집어 놓은 게 경영학이라고 할 수도
있어요. 경제학을 하는 사람들은 플레이어가 많아야 독점
적인 이익이 안 생긴다는 관점이고, 어떻게든 진입 장벽들

을 제거함으로써 소비자에게 잉여가 돌아가도록 할 것인가를 연구하는 것이죠. 경영학은 어떻게든 경쟁자가 못 들어오게끔 진입장벽을 쌓아서 잉여 이익을 얻을 것인가를 연구하는 것이고요.

여러 인문학도들과 협업한 '시카고 플랜' 기획이 올 하반기에 출간될 예정이다. 그 프로젝트에서 경제학 파트를 내가 맡았었다. 그래서 사장님께 경제학 관련한 질문을 드렸다가, 경제학과와 경영학과가 다른 개념이란 사실을 이번에 알았다. 내가 이렇게 무식하다. 다소 위안이 되었던 건, 옆에서 같이 듣고 있던 대표님도 나와 같았다는 사실.

민이언   우리가 북유럽 시스템을 많이 부러워하잖아요? 이케아나 필립스 같은 경우는 조금 다른가요?

사장님   다를 바가 없죠. 이케아가 어떻게 살아남았겠어요. 훨씬 더 독점적인 방식으로 하고 있는 거죠. 물론 경영자들의 마인드가 다를 수야 있겠지만, 경영 방식 자체는 별 차이가 없습니다. 북유럽이 다르다는 건 거시적인 차원에서의 사회적 분배 문제가 다른 거죠. 소득세를 많이 걷어서, 일반인들의 기본적인 생활여건을 잘해 주고 뭐 이런 거죠.

우리 시대의 역설

그런데 북유럽의 기업들이 국제 경쟁이 가능한 건, 그렇게 응용할 수 있는 경제 단위가 되는 거예요. 인구는 적고, 자원은 많고, 기술 축적도 많이 되어 있는 선진국이기 때문에 가능한 거고요. 그렇지 않은 나라 중에서 싱가폴 같은 경우는 국가가 강력한 리더십을 행사해서 재분배를 해버리는 거예요. 인구가 1000만 내외이면 싱가폴처럼 할 수 있죠. 그런데 인구가 많은 나라의 개방경제 하에서는 운용하기가 너무 힘든 거예요.

내가 장하준 교수의 관점을 따르는 이유는, 그의 저서로부터 경제학 공부를 시작했기 때문이기도 하다. 그동안 사장님과 이런저런 이야기를 나누어 보면서, 내가 약간은 좌파 성향의 경제학으로 공부를 했었나 싶기도 했었는데, 사장님 말씀을 들어 보니 경제학과 경영학의 관점 차이였던 것이다.

그런데 신자유주의 비판의 선봉이었던 장하준 교수도 우리나라 재벌의 존재 가치를 부정하지만은 않는다. 우리나라의 경제사에서는 필요했던 모델이었고, 지금도 삼성이 무너져야 한다는 말을 하고 싶지는 않다고…. 경영윤리에 대한 성토는 필요하지만, 우리 산업에서 삼성을 하나 뽑아내면 고구마 줄기처럼 얽혀 있는 관련 산업 전반이 무너지는 것이기도 하다. 물론 삼성 하나 없다고 우리나라가 망하겠냐는 이야기를 서슴없이 내뱉는 이도 있겠지만, 우리

<비 내리는 거리>, 112.1x145.5cm, oil on canvas, 2017.

우리 시대의 역설

나라가 망하지 않을망정 당장에 내 아버지가 다니는 직장이 삼성 관련 업체라면 조금은 입장이 다르지 않을까?

우리는 최정점의 권력자가 어떤 마인드를 지니고 있느냐에 따라 세상이 어떻게 변하는지를 충분히 경험하지 않았던가. 물론 여전히 지지하지 않는 이들도 있고, 지지하는 이들이라고 해서 정권의 정책 모두를 지지하는 건 아니지만, 미투가 터져 나올 수 있었을 정도로 약자들 입장에서의 안정감을 확보해 준 사회 분위기인 것만은 분명하지 않던가. 개인적으로는 경제에 있어서도 힘을 지닌 대기업들이 경제적 약자를 배려하는 문제가 관건이라고 생각한다. 소비자들의 성토와 하청업체의 하소연 이전에, 대기업들이 먼저 최소한의 윤리를 지키면 되는 일이 그렇게 어려운 건가?

내 동생도 LG전자에서 근무하고 있는 직원이다. 녀석이 맨 처음 입사를 했을 땐, 엄마는 LPG라고 적혀 있는 주유소 입간판도 LG로 읽으시곤 했다. 그만큼 가족의 입장에서 기업의 입장을 전해 듣기에, 그 기업을 바라보는 내 시각도 객관적이진 않을 것이다. 이 기획도 철학을 즐겨 읽으시는 대기업 사장님의 이야기를 들어 보는 포맷이다 보니, 사장님께서 재직하시는 기업의 입장도 이해는 한다. 그런데 내 이런 시각이 옳은 것인지는 모르겠다. 어찌 됐건 대기업들이 사회악은 아니라는 것. 그들이 이 사회를 더 풍요롭게 만들 수 있는, 거대한 경제 주체라는 사실은 틀림없지 않은가. 그러나 조금만 더 인문적 마인드를 지닌, 인간에 대한 보다 깊은 성찰이 있는 기업인들이 많아져야 하지 않을까? 차라리 가난한 시절에는 그런 기업인이 많았던 것 같다. 이를테면 삼양라면에 담긴 애민정신 같은 것. 그런데 이제는 밀가루 값도 석유 값도 안 올랐는데 라면 값을 올리더니, 회사 돈을 횡령하지를 않나….

안정이냐, 모험이냐

대표님   왜 많은 청춘들이 대기업으로의 입사를 희망한다고 생각하세요? 많은 연봉? 아니면 타인으로부터의 인정? 어떤 것이 1순위라고 생각하세요? 물론 개인차는 있겠지만….

사장님   일단 안정감을 찾아서 온다고 봅니다. 안정이란 건, 급여의 안정이라든지, 지위의 안정감이겠죠. 왜냐하면 중소기업은 조금만 경기가 어려워져도 파산할 우려가 있잖아요. 자기가 일정한 삶을 기획할 수 있으려면 경제적인 토대와 신분적인 토대가 필요한데, 그 토대를 찾아서 오는 것 같아요. 제일 좋은 게 공무원이고, 그다음이 대기업이고…. 또한 어디 가서 자기를 설명할 필요가 줄어들잖아요. 굉장히 건실한 기업이라도 일반인들에게 잘 알려져 있지 않은 경우에는 자기가 설명을 해야 되잖아요.

현대자동차에 다닌다는 친구의 이야기로 잇대자면, 내가 그 친구를 '현대자동차' 직원으로 소개하는 것으로 대강 설명이 되는 것과 같은 맥락일 게다. 사장님과의 만남 이후로, 이전에는 물어볼 생각도 안 했던 것들을 측근들에게 물어보는 경우가 있다. 현대자동차의 그 친구를 만난 자리에서도, 내 기업 사원으로서의 고충에 대한 소스를 얻어 보고자 했는데, 녀석은 자기 일에 그럭저럭 만족하는 편이었다. 전기자동차를 만드는 부서인데, 크리에이터로서의 열망을 실현하는 느낌도 있나 보다. 자기가 만족한다는데, 더 이상 내가 고충에 대해 물을 말이 있나?

사장님 대개 업무에 대한 만족도도 괜찮은 편이죠. 하고 싶은 일을 하는 경우도 있고, 또 하다 보면 적응되는 일이 있고…. 인간이 사실 자신이 뭘 욕망하는지 잘 몰라요. 내 욕망에 딱 부합하는 여자를 만나서 결혼하는 게 아니듯 말이죠. 같은 맥락에서 내 욕망에 딱 맞는 업무를 찾기란 쉬운 일은 아니죠. 그래도 꽤 잘 적응들 합니다. 제가 보기에는….

현대자동차에 다닌다는 친구의 형은 삼성에 다닌다. 휴대폰의 글로벌 시장 업무인데, 이 형도 그 일을 굉장히 만족해한다. LG전자에 다니는 내 동생도 TV를 만드는 부서에 있는데 애사심이 이루 말할 수 없는…. 이렇다 저렇다 해도 대기업이 지닌 메리트는 연봉 수준에 한정되는 것은 아니다. 내 측근을 표집으로 일반화할 수는 없는 문제이겠지만, 여느 회사를 다니는 측근들보다는 업무 만족도가 높은 듯한…. 복지의 문제도 그렇고, 주 52시간 근무도 대기업에서나 가능한 현실이다. 한 중소 IT업체 다니는 후배에게 들어보면 그 모두가 요원한 현실이다. 그러니 너도 나도 대기업으로 몰리는 것이기도 하겠지만….

쓰다 보니 대기업을 홍보하는 성격이 된 것 같은데, 당장에 이 기획을 함께하고 있는 나와 다반 출판사가 거대 자본의 입장은 아닌 터, 그럴 리야 있겠나? 어찌 됐건 그런 환경적인 요인도 직무만족도와 애사심을 결정(結晶)하는 함수인 건 분명해 보인다.

사장님　저도 비슷했던 것 같아요. 풍족하지는 않았으니까, 돈이 있으면 좋겠다고 생각은 했지만, 그 당시로서 보면 돈을 벌려면 다른 일을 해야 했죠. 회사원 하면서는 그렇게 크게 돈을 벌 수 있는 건 아니었죠. 저는 경제적으로 안정적인 게 더 좋겠다는 생각을 했던 것 같아요. 많이 버는 것보다는, 안정성이 떨어지면 생활이 불안해지니까. 돈과 관해서 가장 큰 문제는 불안의 원인이 된다는 거잖아요? 삶의 근간이 흔들리는 거고….

이를테면 상징적인 자아는 바다를 표류하면서 안착할 곳을 찾는 거죠. 대기업은 큰 섬 같은데 닻이 내려져 있는 경우고요. 그러니까 절대 안 떠내려가는 거죠. 중소기업이라도 비교적 안정된 회사라면, 태풍이 오고 해도 밥은 안 굶는 거죠. 그렇지 못한 이들은 불안한 거죠. 일을 하려면 안정감이 주어져야 하잖아요. 일단 생계가 안정되어야 하고…. 물론 굳이 안정을 추구하지 않은 경우엔, 더 많은 것들에 도전을 할 수는 있겠지만, 어쨌든 기본적인 안전이나 위생 요건이 갖추어지고 나면 좀 더 좋은 환경에서 일을 할 수 있는 거죠.

장단점이 있다고 봅니다. 대기업에 있으면 안정적인 대신에 스스로 높이를 낮추고 위험한 일을 하지 않고, 회사도 위험한 일을 권하지 않아요. 위험한 일을 할 필요가 없는 거예요. 그리고 자기의 영역의 범주와 경계가 딱 주어지는 거죠. 반면 그 안정성에 안주하지 않는 경우엔, 더 도전적인 일을 하고 모험을 감행하고 더 많은 성취를 할 가능성이 있는 거고…. 섬이 너무 크면 내가 어디 있는지를 잘 모르지 않겠어요? 일의 전체 모습을 못 보는 거예요. 그에 비해 내게 주어진 범주는 좁아서 창의력을 발휘하는 데 장애 요인이 되기도 하고요. 작은 섬에 살면 전체를 보고, 산에도 올라가 보고, 뭔가 새로운 시도에 대한 방향성을 스스로 조망할 수 있는 거죠.

<비 내리는 거리>, 53x33.4cm, oil on canvas, 2016.

우리 시대의 역설

대형 출판사와 작은 출판사를 모두 겪어 본 입장에서 비교해 보자면, 이도 각각 장단이 있다. 아무래도 홍보력은 대형 출판사들이 보다 훌륭하지만, 출간 과정에서 저자의 의견이 얼마나 반영될 수 있는가의 문제에 대해서는 다소 아쉬움을 느낀다. 하긴 내가 유명 저자이면 고민할 일도 아니겠지만서도, 뭐랄까? 내 책이 그저 그 출판사에서 출간되는 많은 상품들 중 하나에 불과한 것 같은….

그에 비해 소형출판사와는 디자인서부터 편집과 홍보에 이르기까지 많은 이야기를 나누면서 진행을 한다. 물론 이도 출판사 나름이고, 또한 되레 그 작업을 번거로워하는 저자들도 있다. 그러나 적어도 내겐, 이미 다른 출판사와 계약이 된 원고 이외에는 모두 다반 출판사와 작업을 하는 이유이기도 하다. 이 책의 제목이나, 김동욱 작가님의 작품을 싣는 구성, 표지에 들어가는 문구, 서점이나 언론사에 보내는 보도자료 등은 모두 내 의견이 반영된 결과이다.

기획 단계에서부터 대표님과 많은 대화를 나누기도 하지만 나를 많이 배려하는 편이다. 물론 작가의 의견이 더 낫다는 보장도 없고, 그 결과도 장담할 수 없는 일이다. 그러나 공정의 과정 모두에 직접 참여한 작가에겐, 그런 스토리텔링이 덧대어진 책에 보다 더 애착을 느끼지 않겠나? 출판사 상품이기 이전에 작가 인생의 한 페이지로 남는 작품으로서, 히트 상품이 되지 못하고 걸작은 되지 못할망정, 일종의 장인정신으로 만드는 책 한 권. 때문에 시장에서의 별 반향이 없을 경우에는, 그만큼 더 아픈 손가락이기도 하다는….

1

사장님께서 근무하시는 회사로부터 조금만 걸어가면 명동성
당이 있다. 지금은 이전을 했지만, 성당 옆에는 계성여고가 있었
다. 대학교 졸업을 앞두고서 사립학교 전형에서 최종면접까지 올
랐었다. 팔팔한 20대 시절에 찾아온 여자고등학교로의 기회였으
니 얼마나 설레였겠는가. 또한 생활비 5만원이 아쉬운 시절이었으
니 얼마나 간절했겠는가. 더군다나 대학교에서도 가까운 명동, 아
니 대학교로부터의 거리를 따지지 않아도 그냥 명동이라는 입지
조건만으로도 가고 싶었던 학교였었는데….

그 후에 1년 동안 다시 취업 준비를 해야 했던 탓인지, 나와는 인
연이 아니었던 기회가 상당히 아쉬웠었나 보다. 녹음이 우거진 계

성여고의 진입로를 걷고 있는 꿈을 가끔씩 꾸곤 했으니…. 거의 잡힐 듯한 거리로 다가온 희망을 놓쳐 버리는 순간은 더한 절망으로 다가오지 않던가. 처음 경험한 면접이기도 했지만, 모든 걸 걸어야 한다는 강박에 다소 욕심을 부렸던 것 같다. 지금에서 돌아보면 너무 작위적인 대답만을 늘어놓았었던…. 성령의 눈으로 지켜보시던 교장 수녀님이 제대로 보셨던 것이기도 하다. 지금의 나 같아도 그날의 나를 뽑지는 않는다.

그 작위적인 대답 속의 대부분은 교직에 대한 신념이었다. 그런데 내게 정말로 그런 소명이 있었을까? 학창시절에는 한 번도 교사가 되겠다고 생각을 해본 적이 없었다. 수능성적에 맞춰 지원한 과가 마침 사범대 내에 있었을 뿐이다. 실상 대학교 3학년 때까지도 교직을 생각하고 있진 않았다. 그러나 계속 도전하던 영역에서 내 무능과 나태를 확인한 이후, 급급하게 다시, 세상이 말하는 안정적인 직업을 욕망할 수밖에 없는 처지가 되었다. 마치 이전부터 교사의 꿈을 지니고 있던 양….

짧지 않은 세월 동안 그 안정성을 따라가 보다가, 다시 도전의 영역으로 돌아왔다. 이미 선택한 길에 대한, 어쩔 수 없이 견지해야 하는 긍정을 토로해 보자면, 적어도 지금은 나의 길을 스스로 만들어 가고 있다는 느낌이다. 비록 앞으로의 길이 미리 닦여져 있지는 않은, 안정적이지 못한 삶이긴 하지만, 그래도 다음에는 어떤 기획을 할 것인가에 대한 설렘 정도는 안고 살아간다. 물론 안정성을 기반으로 행복한 경우가 이상적이겠지만, 안정성이란 게 때로 타성의 뒷모습이기도 하지 않던가. 이미 닦여 있는 길 밖으로는 가보지 못하게 하는 일방통행이기도 하고….

그나저나 계성여고는 왜 이전을 해야 했을까? 나야 대학교가 옮겨 간 입장이지만, 고등학교는 또 의미가 다를 텐데…. 학교 정문에서 명동성당을 지나 내리막길, 그리고 그 너머로 이어지는 내리막길. 명동만이 지니고 있는 이 특유의 각도가 내겐 추억이다. 그 비탈길에 줄지은 풍경들 사이로, 끝내 내 마음을 고백하지 못했던 누군가와, 고백을 겉도는 이야기를 나누며 걸어가기도 했었던…. 그 시절에도 이 자리에 농협은 있었던 것 같고, 저 스타벅스는 없었을 테고….

최종적으로는 떨어지긴 했지만, 그 풍경들이 나의 일상이 될 거란 기대를 안고 돌아왔었는데, 지금에서 돌아보면 차라리 안 된 게 다행이었던 것 같다. 만약 그때 덜컥 붙기라도 했더라면, 그 나른한 오후의 풍경들이 얼마나 지루한 퇴근길의 일상으로 느껴졌을까? 기대에 부푼 환상에서 멈추었기에 망정이지, 추억의 공간이 권태의 시간으로 사라져 갈 뻔했던….

나의 서른 살은 어떤 모습일까? 스무 살 시절에는 막연하게나마 그 '서른 즈음'의 미래를 걱정해 보기도 했다. 그 '서른 즈음'도 이미 10년 전이 되어 버린 지금에서 돌아보면, 스물 살 시절에 그려봤던 미래도 아닐뿐더러 조금은 무료했던 일상이었던 것 같다. 명동의 풍경을 가로지르는 퇴근길은 아닐망정, 경기도의 어딘가에서 지친 발걸음으로 터벅터벅 걸어가고 있는 퇴근길이었으니….

우리가 정말로 원하는 것은 무엇인가? 그와 관련한 숱한 질문과 대답이 있지만, 막상 닥쳐온 현실 앞에서는 어찌해야 하는 것인지를 몰라 주서하나가 결국 세상의 권고대로 따랐던 것 같다. 그리고 삶의 어느 순간부터는 그 질문들을 조금씩 지우며 살아왔다. 더 많은 시간이 흘러서야 다시 질문을 던지기 시작했다. 그리고 이젠 이런 정도의 대답은 내놓을 수 있을 것 같다. 이 일과 함께 늙어 가는 것도 괜찮겠다 싶은, 그런 가치를 찾은 것 같긴 하다고…. 너무 오래 걸린 것이 아닌가 싶은 생각도 들고, 한참이 시간이 흘러서 내가 내놓을 대답의 성격이 어떨지야 또 알 수 없는 일지만, 내게 스치는 순간순간에 던지는 질문들로 만들어 가야 할 대답이라는 사실 정도는 항상 잊지 않고 사는, 그런 글쟁이는 되려고….

2

작년 봄부터 여름까지, 명동에 자리한 한 대기업 사옥에서 진행한 인터뷰였는데, 이런저런 이유로 출간이 조금 늦어졌다. 인터뷰가 있는 토요일이면, 대표님과 항상, 가끔씩은 사장님도 함께, 명동의 치킨거리에 늘어선 야외 테이블에서 하루를 정리했다. 그리고 그 이후로 좀처럼 명동의 맥주를 끊지 못하고 있다. 뭐 치킨이 특별히 맛있는 것도 아니고, 맥주맛이 유난한 것도 아닌데, 맥주잔을 투과하는 명동의 나른한 오후부터 그리 늦지 않은 저녁까지의 시간이 어찌나 행복하던지.

어찌 보면 술 이외의 것이 술의 맛을 결정하는 것인지도 모르겠다. 그날에 있었던 이야기, 그 스토리텔링이 덧대어진 명동의 맥주가 아니었을까? 우리가 정말로 원하는 일은 무엇일까, 어떻게 원하는 일을 할 것인가, 맥줏집으로 옮겨 온 인터뷰의 주제 속에서 출판사 대표와 작가가 부딪힌 술잔으로 불어오던 시원한 바람. 그리고 그 바람을 함께 쐬고 있었던 옆 테이블의 많은 사람들. 요즘의 내게서 '소확행'의 가치를 말하고자 한다면 그 명동의 풍경이다. 우리의 삶 또한 그러하지 않을까? 삶의 현장 그 자체로야 특별할 게 뭐가 있겠는가? 그저 치맥을 팔고 사는 소비사회의 단면일 뿐이지. 그러나 그것에 대한 해석, 그리고 그 해석이 뻗어 나오는 시선, 그 시선을 잉태하는 일상의 세설들이 삶의 장면을 풍요롭게 하는 것이 아닐까?

들뢰즈의 철학을 빌리자면, 나를 둘러싸고 있는 삶의 조건과 사유의 배치를 바꾸어 보는 것만으로도 오늘과 다른 내일이 도래한다. 직장을 과감히 때려 치고 세계일주를 떠날 수 있는 사람들도 있을 테지만, 실상 많은 이들에게는 잠깐 비우는 그 틈으로 인해 펼쳐질 미래가 불안이기에 떠날 수 없는 것이기도 하다. 하여 오늘을 폐기하는 것이 우리의 내일이라는 니체의 격언을 들이밀고 싶지는 않다. 그러나 우리의 오늘이 지니고 있는 어제의 관성으로 인해 새로운 내일이 열리지 않는 것이기도 하다. 그 생활체계의 배치를 조금만 바꾸어 보는 것으로도, 분명 '지금 여기'에서부터 어떤 식으로든 다시 쓰여지는 내일에 관한 이야기들이 있을 것이다. 그 배치를 어떻게 바꾸느냐고? 그건 누군가에게서 들을 이야기가 아니라, 누군가에게 들려줄 수 있는 각자의 스토리텔링으로 적어 가야 할 일이 아닐까?

우리 시대의 역설

— 제프 딕슨

건물은 높아졌지만 인격은 더 작아졌다.
고속도로는 넓어졌지만 시야는 더 좁아졌다.
소비는 많아졌지만 더 가난해지고
더 많은 물건을 사지만 기쁨은 줄어들었다.

집은 커졌지만 가족은 더 적어졌다.
더 편리해졌지만 시간은 더 없다.
학력은 높아졌지만 상식은 부족하고
지식은 많아졌지만 판단력은 모자라다.
전문가들은 늘어났지만 문제는 더 많아졌고
약은 많아졌지만 건강은 더 나빠졌다.

너무 분별없이 소비하고
너무 적게 웃고
너무 빨리 운전하고
너무 성급히 화를 낸다.

너무 많이 마시고 너무 많이 피우며
너무 늦게까지 깨어 있고 너무 지쳐서 일어나며
너무 적게 책을 읽고, 텔레비전은 너무 많이 본다.
그리고 너무 드물게 기도한다.

가진 것은 몇 배가 되었지만 가치는 더 줄어들었다.

말은 너무 많이 하고
사랑은 적게 하며
거짓말은 너무 자주 한다.

생활비를 버는 법을 배웠지만
어떻게 살 것인가는 잊어버렸고
인생을 사는 시간은 늘어났지만
시간 속에 삶의 의미를 넣는 법은 상실했다.

달에 갔다 왔지만
길을 건너가 이웃을 만나기는 더 힘들어졌다.
외계를 정복했는지 모르지만 우리 안의 세계는 잃어버렸다.
공기 정화기는 갖고 있지만 영혼은 더 오염되었고
원자는 쪼갤 수 있지만 편견을 부수지는 못한다.

자유는 더 늘었지만 열정은 더 줄어들었다.
키는 커졌지만 인품은 왜소해지고
이익은 더 많이 추구하지만 관계는 더 나빠졌다.
세계 평화를 더 많이 얘기하지만 전쟁은 더 많아지고
여가 시간은 늘어났어도 마음의 평화는 줄어들었다.

더 빨라진 고속철도
더 편리한 일회용 기저귀
더 많은 광고 전단
그리고 더 줄어든 양심
쾌락을 느끼게 하는 더 많은 약들
그리고 더 느끼기 어려워진 행복.

류시화 역, 《사랑하라 한 번도 상처받지 않은 것처럼》, 오래된 미래, 2005, 116~118쪽

우리 시대의 역설

다 함께 있지만 외로운 사람들

글 민이언, 박상규
그림 김동욱
발행일 2019년 6월 30일 초판 1쇄

발행처 다반
발행인 노승현
출판등록 제2011-08호(2011년 1월 20일)
주소 서울특별시 금천구 가산디지털1로 24 503호
    (가산동, 대륭테크노타운13차)
전화 02) 868-4979   **팩스** 02) 868-4978

이메일 davanbook@naver.com
홈페이지 davanbook.modoo.at
블로그 blog.naver.com/davanbook
페이스북 www.facebook.com/davanbook
인스타그램 www.imstagram.com/davanbook

ISBN 979-11-85264-35-6 03100

다반—일상의 책